基礎からの
Blender 2.8

はじめに

　本書では、フリーの 3D-CG 統合環境「Blender」（ブレンダー）で静止画像を作るために必要な機能と技術を解説しています。

　紙面の都合上、すべての機能の網羅はしていませんが、「Blender」が使えるようになるキッカケにはなると思います。

＊

　「Blender 2.80」シリーズ登場に伴い、コンセプトである、「ワークフロー・リリース」を踏まえ、従来の「ショートカット・キー」を主とした作業内容からの脱却を試みました。

（残念ながら、まだ「ショートカット・キー」に頼らざるを得ない部分は残っているのですが）。

　また、新しい「リアルタイム・レンダーエンジン」の「Eevee」（イーヴィー）の解説にもページ数を割いています。

　このエンジンは、高速なレンダリングと引き換えに、ユーザーの知識を要求します。

　時に「透過」や「間接照明」、「影」については調整すべきことや気をつけないといけないことが多くあります。

　その代わり、理解できれば強力なツールとなることは間違いありません。

＊

　執筆中、「2.9」シリーズの開発も開始しましたが、本書で対応している「2.83」は「LTS」（ロングターム・サポート）となる予定であり、当分の間は有効と思われます。

＊

　本書が皆さんの作品づくりの一助となれば幸いです。

山崎　聡

基礎からのBlender2.8

CONTENTS

はじめに ………………………………………………… 3

サンプルのダウンロード ……………………………… 6

第1章　導入とトラブルシューティング

[1-1] 入手とインストール ………………………………… 8
[1-2] UIの「日本語化」と各種設定 ……………………… 11
[1-3] トラブル・シューティング ………………………… 15

第2章　チュートリアル

[2-1] モデリング …………………………………………… 18
[2-2] 質感付け ……………………………………………… 36
[2-3] 「背景」の作成 ……………………………………… 40
[2-4] 「Eeveeレンダー」と「カメラ」の調整 …………… 44

第3章　インターフェイス

[3-1] 画面のレイアウトと全体的な操作 ………………… 46
[3-2] 3Dビューポート内の操作 ………………………… 52
[3-3] 「プロパティ・エディタ」と「UI」の要素 ………… 63
[3-4] ファイルの管理 …………………………………… 66
[Appendix] ……………………………………………… 74

第4章　「オブジェクト」の操作

[4-1] 「オブジェクト・モード」の操作 ………………… 76
[4-2] 「シーン」と「ビュー・レイヤー」コレクション … 83

第5章　モデリング

[5-1] 「メッシュ構造」について ………………………… 88
[5-2] 「編集モード」用の操作 …………………………… 90
[5-3] 「下絵」を使ったモデリング ……………………… 92
[5-4] スカルプト・モデリング …………………………… 94
[5-5] その他の関連ツール ……………………………… 98

CONTENTS

第6章　「質感付け」と「ライティング」

[6-1] 2つの「レンダー・エンジン」………………………………108
[6-2] 「マテリアル」と「シェーダー・エディタ」………………109
[6-3] 基本的なマテリアル………………………………………112
[6-4] テクスチャ・マッピング…………………………………122
[6-5] UV 展開……………………………………………………127
[6-6] ペイント・モード…………………………………………133
[6-7] 特殊なマテリアル…………………………………………138
[6-8] ライティング………………………………………………141
[6-9] 影の設定……………………………………………………148

第7章　「カメラ」と「レンダー」の設定

[7-1] カメラの設定………………………………………………152
[7-2] レンダリングの設定………………………………………156
[7-3] 「Cycles レンダー」の最適化……………………………164
[7-4] コンポジティング…………………………………………167

索　引……………………………………………………………172

●各製品名は、一般に各社の登録商標または商標ですが、®および TM は省略しています。

サンプルのダウンロード

　本書の**サンプルデータ**は、サポートページからダウンロードできます。

http://www.kohgakusha.co.jp/support.html

　ダウンロードした ZIP ファイルを、下記のパスワードを「大文字」「小文字」に注意して、すべて「半角」で入力して解凍してください。

GB48L6eabT

本書の表記について

　本書では「Blender」の操作を示すのに次のような表記を使用しています。

表　記	意　味
[Alt] + [S]	キーボードでの入力
「移動」ツール、「適用」ボタン、「サンプル数」	UI 上のアイテム（ボタン、アイコン、スライダ、入力フィールドなど）
「ビューメニュー→」	「ヘッダ」などにあるメニュー

・[Alt] + [S] キーは、キーボード上の「Alt キー」を押しながら「S キー」を押すことを指します（※）。
・「プロパティエディタ」内の各タブは「～プロパティ」と表記しています。
（例：「出力プロパティ」）
・「▼～」は「サイドバー」「プロパティエディタ」内の「パネル」を示します（例：「▼寸法」）。

　※「MacOS」では [Ctrl] キー → [Command] キー、[Alt] キー → [Option] キー

第1章
導入とトラブルシューティング

> 本章では、Blender のインストールと日本語化設定、その他トラブルの解決方法について解説します。

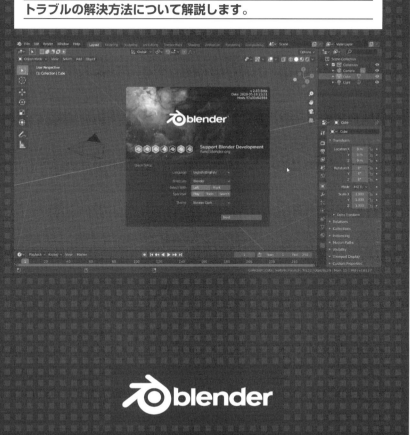

1.1　　　　　入手とインストール

■ 「Blender」の入手

「Blender」は、公式ウェブサイトから入手できます。

https://www.blender.org/download/

　アクセスすると、現在の環境用のファイルが自動的に選択され、あとは「Download Blender (バージョン番号)」のボタンを押すだけです。

　他の環境や「ZIP ファイル」は下の「and other versions」(他の環境)とあるリンクをクリックするとリスト表示されます (以降は「Windows 版」を例に説明します)。

■ 「インストーラー」によるインストール

　基本的に [Next] ボタンをクリックしていけば、OK です。

　右図のライセンスの説明については、「I accept 〜」のチェックボックスをON にしてから、[Next] ボタンを押します。

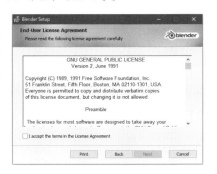

● インストール場所について

　新規インストール時は、そのままインストーラーの指示通りでかまいません。

　ですが、旧バージョンを使っていた場合は、インストール場所を以前とは別の場所に変更することで、簡単に共存できます。

　もちろん、それぞれの設定もバージョン別に保存されます (後述)。

＊

　「インストーラー」によるインストールが完了すると、「.blend」ファイルに自動的に関連付けされ、「Blender」が起動します。

■「ZIP版」でのインストール

好きな場所に「ZIPファイル」を展開すればOKですが、「.blend」ファイルへの関連付けは、自分で行なう必要があります。

■ 初回起動時の設定

どちらのインストール時でも、初回起動時には「スプラッシュ・スクリーン」で、「言語（2.83以降のみ）」や「キーマップ」、「テーマ」の設定をします。

後から「プリファレンス」で設定できるので、面倒なら**「Next」**をクリックしてください。

> ※ ちなみに、間違って欄外を押してしまったり、「Blender」を終了してしまっても、再起動時にまた出てきます。

●「キーマップ」について

新しいデフォルトである「Blender」、旧ユーザー向けの「Blender 2.7x」、他のアプリ（「Maya」など）と併用したい人向けの「Industrial Standard」があります。

これらは、「プリファレンス → キーマップタブ」からいつでも変更可能です。

デフォルト状態では、

・「Shortcuts」（ショートカット）が「Blender」
・「Select With」（選択方法）は「Left（左クリック選択＋右クリック・メニュー）」
・「Spacebar」（スペース・キー）は「Play」（アニメーション再生）

になっており、本書ではこの設定で解説します。

● [Copy 2.7x] ボタンによる従来の環境のコピー

もし「Blender 2.7」を使っていた場合、[Copy 2.7x] ボタンが表示され、従来の設定をコピーして利用できます。

単に、このボタンをクリック後、一度、再起動してください。

　　※ なお、「2.8」に未対応のスクリプトは無効になります。

　または、「Save New Settings」をクリックし、新しいデフォルト状態で利用することもできます。

■ インストール後のファイル構造

　下図のように、本体はインストール場所に置かれますが、「設定」や「履歴」などのファイルは、「ユーザー・フォルダ」に収められます。

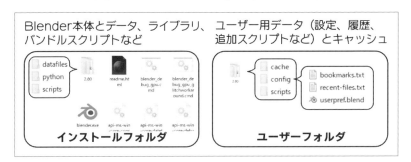

　「ユーザー・フォルダ」は、Windows の場合、次のパスになります。

```
%AppData%¥Blender Foundation¥Blender
```

　双方に「バージョン名」のフォルダ（「2.83」など）があることに注目してください。
　ここには、バージョンごとのデータや設定が収められています。
　これによって、違うバージョンの「Blender」を別々の場所にインストールすることで、各バージョンを、別々の設定で、同時に利用できます。
　　　　　　　　　　　　　　＊
　また、ユーザー書き込み権限のある場所（「C:¥Users¥（ユーザー名）」下など）に「Blender」をインストールし、「インストールフォルダ」の「バージョン名」フォルダに「config」フォルダ（**空でも可**）を作れば、ユーザー・フォルダとは別の設定になります。
　　　　　　　　　　　　　　＊

　たとえば、「USB メモリ」に「Blender」本体と設定を入れて持ち運んだり、違うフォルダにインストールした「Blender」を、それぞれ別の「キーマップ」や「設定」で使うことができます。

1.2　UI の「日本語化」と各種設定

「Blender」をインストールした時点では、まだ日本語化されていません。先に設定しておきましょう。

> ※ 本書では、「日本語 UI」で解説します。「2.83」以降でスプラッシュから日本語化した方は「プリファレンス」の表示方法だけ覚えてください。

■「プリファレンス」の表示と「インターフェイス」の日本語化

[1] いちばん上の「Edit メニュー → Preferences...」を実行します。

[2] 表示されたウィンドウの左側のタブ先頭の「Interface」が選択されていることを確認し、違えばクリックして選択しておきます。

[3] 右側のペインの中央あたりにある「Translation」をONにします（「2.83」以降ではこのチェックボックスはありません）。

[4] 中央の下側にある「Interface」を ON にします。「新規データ」は本書では OFF で解説しますが、ON でも OK です。

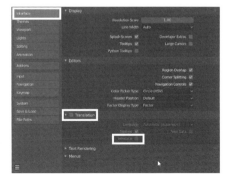

　これでユーザーインターフェイスが日本語化されるはずです。

[4] 最後に、このウィンドウ左下にある「ハンバーガーボタン」（[≡]）をクリックし、「プリファレンスを保存」を選択して保存します。

または、「Blender」を一度終了します。

■ その他の便利なプリファレンス設定

● Cycles レンダー用設定（必須）

「Blender」のレンダラーの１つである「Cycles レンダー」は CPU 以外にも、「CUDA」と「OpenCL」の GPU 支援のレンダリングに対応しています。

「システムタブ → ▼ Cycles レンダーデバイス」から、利用する「規格」と「デバイス」を設定することで、利用可能になります。

●「視点の操作」タブ →「選択部分を中心に回転」

ビューを回転するとき、回転の中心によっては選択部分を見失ってしまうことがあります。

このオプションは、そんなイライラをなくします。

●「キーマップ」タブ →「Active Gizmo」→「ドラッグ」

「トランスフォーム・ギズモ」に近い頂点を選択したいが、「ギズモ」が反応して困る…そんなときには、このオプションです。

左クリックのみでは、「ギズモ」が動作しないようになります。

> ※「ギズモ」の使用時に少しラグが発生しますが、一度動かしてしまえば問題ありません。

●「入力」タブ →「3 ボタンマウスを再現」

「ペンタブレット」や「トラックパッド」使用時に、「3D ビューポート」などで視点の回転に使うマウスホイール（中マウスボタン）ドラッグ操作を、[Alt] ＋左ドラッグで代用できます。

[Shift] + [Alt] + 左ドラッグで「平行移動」、[Ctrl] + [Alt] + 左ドラッグで「拡大縮小」になります。

> ※ ただし、Linux 環境では、「GNome」や「KDE」のショートカットキーと衝突してしまうため、これらの設定を変更する必要があります。

●「入力」タブ → 「テンキーを模倣」

「フルキーボード」側の数字キーが「テンキー入力」になり、「ビューの変更」など、これらを使った操作が可能になります。

ただし、「Blender」キーマップ時、「編集モード」の選択モード切り替え（[1]～[3] キー）と衝突するので、①ショートカットキーを別に登録するか、②「3D ビューポート」のボタンや「ギズモ」で操作する必要があります。

■「ショートカット・キー」のカスタマイズ

● 右クリック・メニューでの「ショートカット・キー」設定

UI 上で右クリック後、「ショートカットを設定」から「ショートカット・キー」を新たに直接設定可能です。

※ ただし、「2.83」の時点では「プリファレンス」内の設定や、「3D ビューポート」上の「アイコン」など、設定するとエラーになるものがあります。
　また、割り当てずみのキーを指定した場合、無視されることがあります。

●「プリファレンス」でのショートカット・キー変更

すでに「ショートカット・キー」が割り振られている機能のショートカットキーの変更は、**「キーマップ」タブ**から行ないます。

下のほうに使用中の「キーマップ」で設定されている「ショートカット・キー」が多数並んでいます。

「コンテクスト」や「エディタ」で分類されていますが、下図のように機

能名での検索も可能です。

　図は前述の「テンキーを模倣」と、「メッシュ編集モード」時の「選択モー
ド」との衝突を、新た
に [Alt] ＋テンキー [1]
を設定して回避する例
です。

　実用するには、残り
2つも同様に変更して
ください。

・一部のキーは利用できません（[半角 / 全角] キー、[CapsLock] キーなど）。
・既存の機能に割り当てられているキーと重複して設定した場合は、先に設定
　されているほうが優先されます。
・UI の [Restore] ボタンや [←] ボタンで元に戻すことができます（上図）。

● 使われているキーの検索

　図の部分を「**キーバインド**」に変更することで、割り当てられているキー
を検索できます。

※ 検索は英文のみです（例：「スペース」→「space」）

1.3　　トラブル・シューティング

■ システムのトラブル

● 表示がおかしい

多くの場合、「グラフィック・ドライバ」に原因があります。

「グラフィック・ドライバ」を最新にしてみることで解決するかもしれません。

*

また、「Eevee レンダー」を使うには、「OpenGL 3.3」対応で、「2016 年以降にドライバーの更新があったビデオカードやチップ」でないと、うまく動作しない可能性があります。

https://blender.jp/modules/news/index.php?page=article&story id=4131

● 選択がうまくいかない

たいていの場合は、デフォルトの選択設定でうまくいきますが、思うように選択されない場合は、「**編集メニュー → プリファレンス → ビューポートタブ → ▼選択 → OpenGL デプスピッキング**」を OFF にしてみてください。

■ 作業時のトラブル

何か間違ってキーを押したりなど、特別な状態になった場合、たいていは [Esc] キーまたは [Ctrl] + [Z] キーを押せば戻ります。

それでもダメな場合は、次をチェックしてみてください。

● 移動がカクカクする

おそらく [Shift] + [Tab] キーを押して「スナップ・モード」になっていると思われます。

もう一度押すか、ヘッダの図の「**磁石**」アイコンが ON なら（図）、クリックして OFF にしてください。

●「3Dビューポート」から「グリッド」や「ギズモ」が消えた

　3Dビューポート上部にある、「ギズモ」や「オーバーレイ」の表示を切り替えるボタンを押してしまっています。

　それぞれが「OFF」になっていたら、「ON」にしてください。

●「オブジェクト」や「選択部分」がいきなり消えた

　[H]キーを押して「非表示」になった可能性があります。

　(a)「アウトライナー」をチェックし、目のアイコンが閉じていたらクリックするか、(b)「オブジェクトメニュー → 表示 / 隠す → 隠したオブジェクトを表示」([Alt] + [H]キー)を実行してみてください。

● 選択部分を動かすと、選択していない部分までが勝手に動く

　恐らく[O]キーを押して「プロポーショナル編集モード」に入ってしまったと思われます。

　図のアイコンが「ON」になっていたら、(a)再度[O]キーを押すか、(b)クリックして「OFF」にしてください。

●「3Dビューポート」左上の数字が勝手に動いている

　[スペース]キーを押してしまい、アニメーションが再生されている状態になっています。

　もう一度[スペース]キーを押せば、止まります。

＊

　その他、問題があれば、下記リンク先を探してみてください。

http://blender.jp/

第2章

チュートリアル

「Eevee」レンダーを使って、図のような「イルカ」を作ります。

2.1 モデリング

まず最初は、主役となる「イルカ」のモデリングです。

■ 準備

● 必要なもの

・キーボード付き PC。いくつかの操作では [Alt] キーと [Shift] キー、[Ctrl] キー、そしてショートカット・キーをある程度使います。
・ホイール付きマウス（3 ボタンマウス）。

● マウス操作と表記の簡単な説明

・マウスの各ボタンは、右図のように割り当てられています。
・中マウス（ホイール）ボタンドラッグで「画面の回転」、[Shift] を押しながらで「平行移動」です。
・「～プロパティ」の表記は「プロパティ・エディタ」内の「縦タブ名」を意味します（例：「レンダー・プロパティ」）。
名前は、各タブ上にマウスカーソルを置くと確認できます

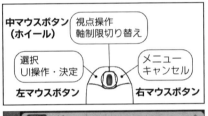

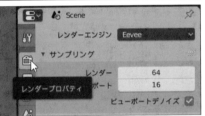

■ 対象の観察

　まずは対象を観察します。

　チュートリアル用であまりリアルではありませんが、「プロポーション」や「ひれ」などのパーツの特徴でイルカを表現していきます。

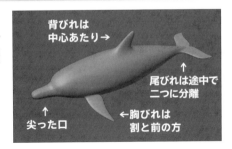

■「Blender」の起動と、デフォルトの「立方体」の削除

準備が整ったら、さっそく始めましょう。

[1]「Blender」を起動します。

[2] 中央の「立方体」を左クリック
で選択後、「オブジェクトメ
ニュー → 削除」([Del] キーま
たは [X] キー)で削除します（図
は [X] キー使用）。

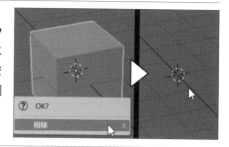

■「円柱オブジェクト」の追加と変更

[1]「3D ビューポート」(立方体が表示
されていた場所)の上側にある
「追加メニュー」をクリックし、
「メッシュ → 円柱」を選択して
円柱を追加します。

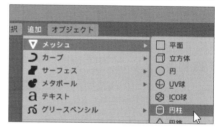

[2] 画面左下に表示される、「円柱を
追加」と書かれている小さなポッ
プアップの「三角」ボタンをク
リックして開き、

・「頂点」を「8」に
・「回転 X」を「90°」に
変更します。

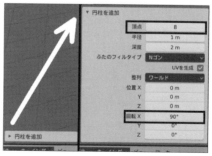

これは「最後の操作を調整」機
能といい、直前の操作を調整し
て再実行できます。他の操作を
すると消えるので、注意してく
ださい。
右図のようになれば OK です。

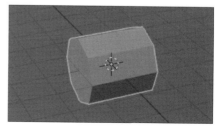

[3] さらに「ツールバー」（図左側）の「拡大縮小」ツールを選択し、「緑の箱」をマウスドラッグし、「4倍」ぐらいに伸ばします。

ドラッグ中、画面左上に「操作前に対するスケール」が表示されているので、それを参考にしてください。

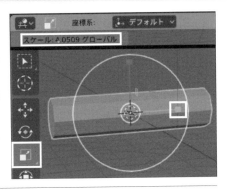

■ 胴体の作成

では形状を編集していきましょう。まずは胴体を「分割」します。

※ 以降は画面向かって「左側」（−Y軸）を「前」とします。

[1] いちばん上の「Modeling」とあるタブをクリックします。これは「ワークスペース」といい、各作業用の「レイアウト・モード」になります。

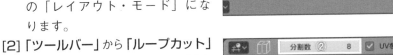

[2] 「ツールバー」から「ループカット」ツールを「8回」……は面倒なので、一度に行います。

まず「ループカット」ツールを選択し（①）、3Dビューポートの上にある「ツール設定バー」の「分割数」（②）をクリックし「8」と入力します。

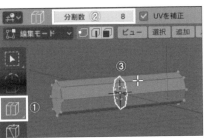

[3] モデルの横方向の「辺」にマウスカーソルを置く（③）と、右上図のように「縦方向」の分割線が表示されますので、クリックします。

[4] 右図のように「辺ループ」が8個でき、9分割されれば成功です。

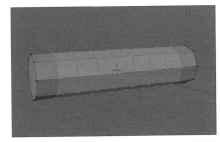

このツールで作られた「輪」は**「辺ループ」**または「エッジ・ループ」と呼ばれ、モデリングで重要な役割をもちます。

●「胴体」の整形

今作った「辺ループ」を編集し、大まかな形を作ります。

---

[1] 「辺ループ」上にマウスカーソルを置き、[Alt] キーを押しながら**左クリック**すると、その辺ループが選択されます（ループ選択）。間違えて単一の辺を選択しないように気をつけてください。

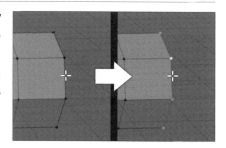

[2] ツールバーの「拡大縮小」ツールを選択し、「白い円」内を**中央方向にドラッグ**すると、縮小します。

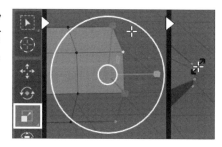

[3] 同様に、他も「選択」と「拡大縮小」を繰り返し、下図のようにします。

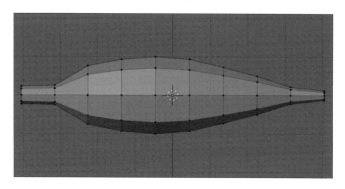

■「ミラーモデリング」の設定

「Blender」では、「ミラー・モディファイアー」を使うことで、左右対称の形状の作成が楽になります。

> ※「2.8」からは、モデルの半分を削除する手間がなくなりました。ただし「適用」による元データへの反映が必要になることがあるなど、注意点もあります。

●「ミラー・モディファイアー」の追加

[1] 画面右側の「プロパティ・エディタ」を「モディファイアー・プロパティ」に切り替えます。

[2] 「モディファイアーを追加」ボタンをクリックし、「ミラー」を選択します（表示されたメニュー内の「生成」カテゴリの中央付近）。

[3] 追加されたパネルの、
・図の「▽」アイコンを ON
・「二等分」の「X」を ON
・「クリッピング」を ON
にします。

それぞれ「ミラー結果の表示（反対側の誤編集の防止）」「データの二等分」「中央から反対側に越えた移動の防止」を行います。

現時点ではモデルが左右対称のため、特に見た目に変わりはありません。

ですが、もし効果を確かめたいなら、モデルを選択し、一時的に「＋X軸」方向に移動してみると、選択部分が反対方向に移動する様子が確認できます（図）。

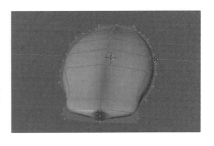

> ※ なお、中心部分は「マージ」オプション（前掲のモディファイアー追加の図を参照）により結合しています。

■「サブディビジョン・サーフェス」の設定

「サブディビジョン・サーフェス」とは、形状を一定の法則で細分化し、曲面を表現する技術です。少ないデータ量で、「曲面」をもつ形状を作ることができます。

●「サブディビジョン・サーフェス」モディファイアーの追加

[1] 「モディファイアーを追加」をクリックし、「**サブディビジョン・サーフェス**」を選択します（同じく「生成」カテゴリの下のほう）。

[2] パネル内の「**細分化 → ビューポート**」を「2」にします。

■ 編集モードの変更と全体のスムージング設定

ついでに、面をなめらかに表示するよう設定します。

[1] 3Dビューポート左上の「編集モード」と表示している部分（図）をクリックし、「**オブジェクト・モード**」に変更します。

[2] 「右クリックメニュー」から「スムーズ・シェード」を実行します。

[3] [1] の部分をもう一度クリックし、「**編集モード**」に戻します。

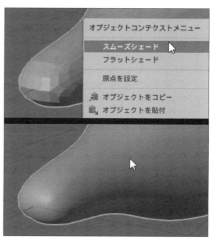

ここで一休みしましょう。
「**ファイルメニュー → 保存**」で「.blend」ファイルを保存できます。

■「背びれ」の作成

中央の「ループカット」に挟まれている部分に「背びれ」を作ります。

[1] 「ループカット」ツールを選択し、
　　「ツールの設定」の「分割数」を
　　「1」に再設定しておきます。

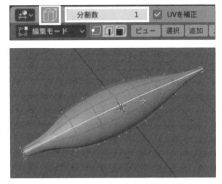

[2] マウスカーソルを「横方向」の
　　辺上に置き、図のように分割線
　　が表示されたらクリックして縦
　　方向に「カット」します。

[3] 「押し出し」ツールを選択し、「面
　　選択モード」にした後、図の「面」
　　を選択します。
　　ちょうど真ん中の一番上の面が
　　背びれとなります。

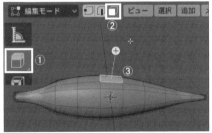

[4] 図のあたりまでドラッグします。
　　後で調整できるので適当でかま
　　いません。

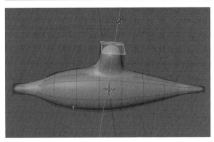

●「背びれ」の調整と「トランスフォーム」ツール

　これから「背びれ」を調整しますが、毎回「移動」や「拡大縮小」ツール
を切り替えるのは面倒なので、「トランスフォーム」ツールを使うことにし
ます（ただし「全軸同時に拡大縮小」時のみ [S] キーを使用します）。

[1] ツールバーから「トランスフォーム」ツールを選択します。

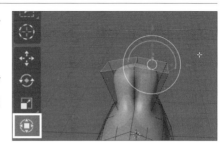

[2] まず前から見てみましょう。上が広がっており、真ん中も黒く凹んでいますね。

[3] 凹み部分は後回しにし、とりあえず上を小さくしましょう。
現在先端の「面」が選択中であるはずですので（違えば選択してください）**「赤の箱」か「赤の矢印」をドラッグ**して小さくします。

※「X軸」方向に小さくしすぎると、くっつく可能性があります。
後で気づいて取り消しもできなくなったときは、「ミラー・モディファイアー」の「マージ」と「クリッピング」オプションを一度OFFにして、対象の頂点を移動後、再びONにしてください。

[4] 次は横からも同様に小さくします。**「緑の箱」をドラッグ**してください。

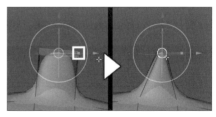

[5] さらに**「緑の矢印」をドラッグ**し、後ろ側に「移動」します。

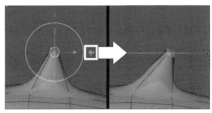

[6] まだあまり「ひれ」っぽくないので、**「ループカット」ツール**で「辺ループ」をもう一つ追加します。図の位置に辺ループを作るとき、クリック後にそのまま**「ドラッグ」**すると、辺ループの位置をスライドして調整できます。

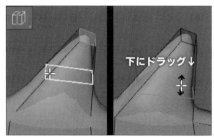

[7] 「トランスフォーム」ツールで先ほど同様に調整します。

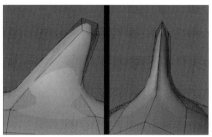

●「ミラー・モディファイアー」の挙動と修正

　最後に、前ページの最初で少し触れた「凹み」（右図左）を解消します。

　この現象は、左右対称の中心の断面に「面」があり、「ミラー・モディファイアー」が正しく「オリジナルデータ」と「ミラー反転データ」を結合できない時に起こります。

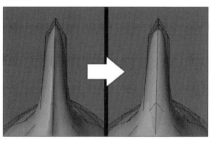

　右図は、次に紹介する「透過表示」と、「面選択モード」で内部に出来た面を視覚化した物です。

　この2つの面を削除するため、上から二番目と三番目の「辺」を削除することにします。

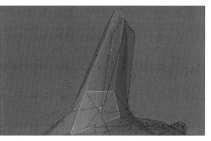

[1] 中身を表示できるよう、3Dビューポート右上にある**「透過表示」アイコンをクリック**します。

[2] もしなっていなければ「辺選択モード」に変更し、図の辺を [Shift] キーを押しながらクリックして選択します。

[3] [Del] キーまたは [X] キー → 「辺」で削除します。

[4] 最後に「透過表示」アイコンをもう一度クリックし、OFFにします。

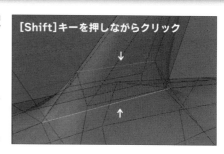

このあたりでまたファイルを保存し、休憩しましょう。

■「胸びれ」の作成

●「面を差し込む」ツールの使用

「胸びれ」は押し出す面より平たいので「面を差し込む」ツールを使います。

[1] まず「面選択モード」にします。

[2] ツールバーの押し出しツールの下にある「面を差し込む」ツールを選択します。

[3] 図の面を選択後、ドラッグすると、選択した面の内部に面が現れます。
この面は次のステップで変形しますので、適当な大きさでマウスボタンを離してください。

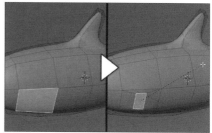

● トランスフォーム空間の変更

ここで今できた面を「ひれ」っぽく平らにしようと思いますが、普通に Z 軸方向に縮小変形すると、面の傾きが変わってしまいます。

あとで回転してもいいのですが、ここでは面の方向を維持したまま、編集できるようにしてみようと思います。

[1] 「トランスフォーム」ツールに変更します。
「トランスフォーム・ギズモ」が表示されますが、図のように各軸が面の方向と合っていません。

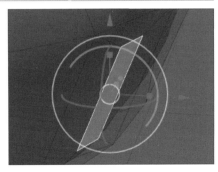

[2] 上の方にある「ツールの設定」の「座標系」プルダウンリストを、**「ノーマル」** に変更します。

[3] ギズモの軸が面の方向と一致して表示されました。
なお、上で設定した「ノーマル」とは「法線」のことで、面選択モードでは「＋Ｚ軸（青色）」が面の方向になります。

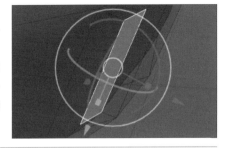

準備ができたら、編集を始めましょう。

[1] 「赤」と「緑の箱」をドラッグし、面を図のように平たくします。

[2] 「押し出し」ツールに変更し、ドラッグして押し出します。

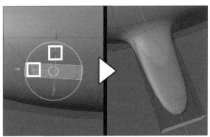

[3] 「トランスフォーム」ツールに切り替え、先端の「面」を小さくし、後ろに移動します。

● 「胸びれ」の整形

[1] 再び「座標系」を「ノーマル」から「デフォルト」に戻します。次の「辺ループ」の編集ではあまり役立たないためです。

[2] 「ループカット」ツールで「辺ループ」を「中央付近（①）」、「根元近く（②）」の順序で「2つ」追加します。

[3] 「辺ループ選択」（[Alt] ＋クリック）と「トランスフォーム」ツールで整形します。

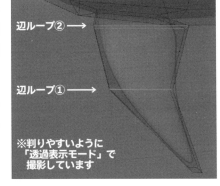

辺ループ② ⟶

辺ループ① ⟶

※判りやすいように「透過表示モード」で撮影しています

[4] 最後に画面を回転して前から見て、「ひれ」が歪んでいないか確認し、問題があれば同様に修正します。

　ここでまたファイルを保存・休憩します（以降も適宜保存・休憩してください）。

> ※ もし先端を編集したい場合、先端では「辺ループ選択」ができないため、代わりに [Shift] ＋ クリックで「面」の「上下」または「左右」2つの「辺」を選択するか、「面選択モード」に切り替えてください。

■「尾びれ」の作成

「尾びれ」も同様に作っていきますが、少しだけ複雑になります。

[1] 「面選択モード」にし、後ろ側の下の面（図）を「押し出し」ツールで伸ばします。

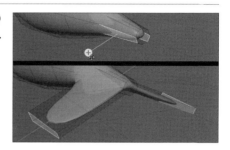

[2] 今回は「ひれ」が真横に生えているので、「トランスフォーム」ツールなどで上に移動します。

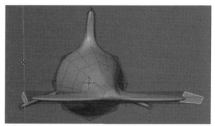

[3] さらに先端を後ろに「移動」し、「縮小」します。
これを先にする理由は、胸びれ同様、先端部分がループ選択できないためですが、気にならないなら後でもかまいません。

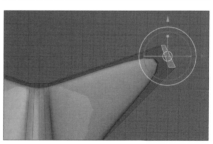

[4] 「ループカット」ツールで「2ヶ所」分割し、各ループカットを「トランスフォーム」ツールなどで図のように整形します（図は分かりやすいよう透過表示モードで撮影しています）。

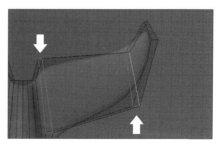

最後に「ひれ」が後ろに伸びているので、もう少し押し出します。

[1] 「面選択モード」にし、右図の面
だけを選択します。

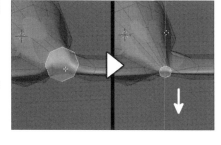

[2] 「拡大縮小」ツール（または [S]
キー）で、縦の大きさが「他の
ひれ」と同様になるまで小さく
します。

[3] 残りの最後尾の面を [Shift] キー
を押しながら「すべて」選択し
ます（図では反対側も選択され
ていますが、実際は片側の選択
だけで OK です）。

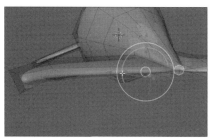

[4] 「押し出し」ツールでギズモを「マ
ウスドラッグ」し、ドラッグし
たまま [Y] キーを押します。
するとデフォルトの「面の向き」
から「Y 軸」に押し出すように
なりますので、後ろに移動します。

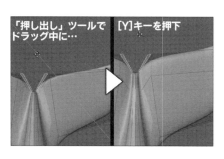

「押し出し」ツールで
ドラッグ中に…　　[Y] キーを押下

[5] 「面選択モード」のまま、今でき
た面の辺の上で [Alt] ＋クリック
すると「面ループ」が選択でき
るので、図のように選択し、「ト
ランスフォーム」ツールで平た
くします。

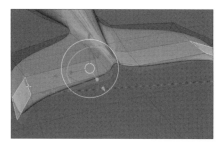

[6] 最後に「ひれ」の大きさを調整
　　します。
　　前の「辺」がハミ出ているのが気
　　になるなら、「辺選択モード」に
　　して適宜編集してみてください。

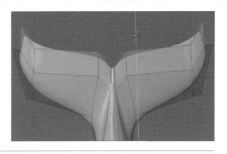

■「頭部」の作成

　「おでこ」の出っ張りを追加します。
　ここでは「ループカット」ツール
の代わりに、自由に分割できる「ナ
イフ」ツールを使います。

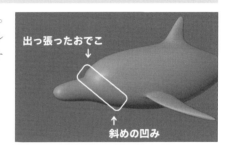

[1] 現在「編集モード」であることを
　　確認し、左上のアイコンで「**頂
　　点選択モード**」に、右側の「**ナ
　　ビゲーション・ギズモ**」の「**X**」
　　をクリックし、「**ライトビュー**」
　　（右下図）にします。

[2] 「**ナイフ**」ツールを選択し、図の
　　「**頂点上でクリック**」します。
　　すると「**赤い縁取りの緑のドッ
　　ト**」が表示されます。
　　もし単なる「緑のドット」の場
　　合は、右クリックでキャンセル
　　後、やり直してみてください。

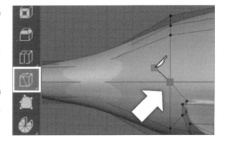

[3] マウスを斜め上に移動し、途中三つの辺との交点が「赤いドット」で表示されます。

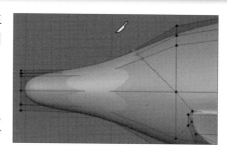

[4] [Enter] キーを押します。「ナイフ」ツールによってカットされた辺が追加され、交点に頂点ができて選択状態になっているはずです。

[5] ツールバーの「選択」ツールで上の「3つの頂点」だけをドラッグで「選択」し、「移動」ツールなどで、前のほうに移動します。この部分は「おでこの出っ張り」になります。

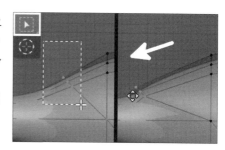

[6] さらに [Alt] ＋ 左クリックで後ろの「辺ループ」を選択し、同様に前に移動します。その後 [S] キーなどで大きさを調整します。

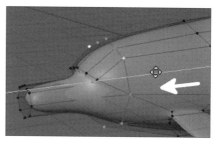

　もう少し作り込みたいところですが、きりがないので、この辺で目の作成に移ります。

■「目」の作成

●「球」の追加と移動

目玉になる「UV 球」を追加しますが、その前に少し準備をします。

[1] 「頂点選択モード」であることを
   確認し、図の頂点を選択します。

[2] 「メッシュメニュー → スナップ」
   から「カーソル → 選択物」を実
   行します。図のように「3D カー
   ソル」が選択した頂点の位置に
   あれば成功です。

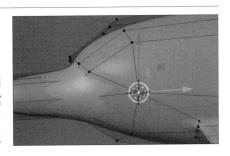

準備ができたので、オブジェクトを追加します。

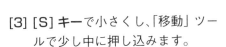

[1] 「3D ビューポート」のヘッダ左
   端、または [Tab] キーで「オブ
   ジェクトモード」に変更します。

[2] 「追加メニュー → メッシュ」か
   ら「UV 球」を追加します。「3D
   カーソル」の位置に球が追加さ
   れているはずです。

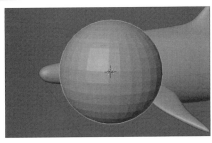

[3] [S] キーで小さくし、「移動」ツー
   ルで少し中に押し込みます。

好みに応じて目の位置を変更する
のもいいでしょう。

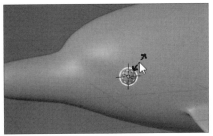

● オブジェクトのペアレント

次に、「本体オブジェクト」と「目玉オブジェクト」を「ペアレント」します。
「ペアレント」とは、「親子関係」のことで、親オブジェクトの移動・回転・
拡大縮小が、子オブジェクトに影響するようになります。

[1] 現在「目玉」が選択中のはずです
ので、そのまま [Shift] キーを押
しながら「本体」オブジェクト
をクリックして選択します。

[2]「オブジェクトメニュー → ペア
レント → オブジェクト」（メ
ニューの中央あたり）を実行し
ます。

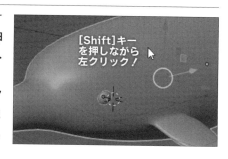

[3]「本体オブジェクト」を選択し、ギズモで適当に移動してみて「目玉オ
ブジェクト」も追従すれば成功です（移動後は「右クリック」または [Esc]
キーでキャンセルしてください）。

●「目玉オブジェクト」の複製

そして「球」を複製し、もう片方の「眼球」にします。ここでは単なる複
製ではなく「リンク複製」を使います。

これは、オブジェクトの「形状データ」を共有して複製する機能で、今回
のように対になるオブジェクトに便利です。

[1]「目玉オブジェクト」をクリック
して選択します。

[2]「オブジェクトメニュー → リン
ク複製」（メニューの上のほう）
を実行します。

[3] 移動可能になっていますが、一旦
「右クリック」でキャンセルし、
画面を回転して「移動」ツール
で反対側に移動します（右上図）。

[4]「右クリックメニュー → スムー
ズシェード」を実行します。もう
片方も自動的にスムーズになっ
ていればリンク複製成功です。

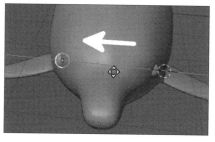

2.2　質感付け

■「マテリアル」の設定

　「質感付け」を行なうには、まず対象のオブジェクトに質感を決めるデータを格納する「マテリアル・データブロック」を追加する必要があります。

●「マテリアル」の追加・設定

[1] まず先に「目玉」の質感付けをします。前の手順で作った「目玉オブジェクト」が選択中のはずですが、違えば選択します。

[2] いちばん上の「Shading」タブをクリックし、質感付け用のワークスペースに切り替えます。

[3] 中央下の領域には「シェーダー・エディタ」がありますので、そのヘッダ中央にある「新規」ボタンをクリックします。「シェーダー・エディタ」内に２つの「ノード」が表示されます（右下図）。

[4] 質感を設定していきます。
　　左側の「プリンシプル BSDF」ノードの「ベースカラー」の隣のボタンをクリックし「黒」にします。

[5] 「粗さ」と「スペキュラー」を「0」に、「クリアコート」を「1」に設定します。

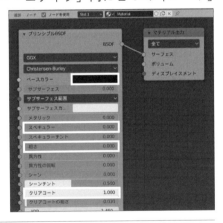

　「目玉」が黒くてツルツルになれば成功です。

■「頂点ペイント」の準備

　次は本体です。一見、イルカは灰色一色のようですが、お腹のあたりは下から見上げたときの保護色で白くなっており、色分けが必要になります。

　「Blender」には、オブジェクトを色分けする方法がいくつかありますが、ここでは「3Dビューポート」でモデルを見ながら「頂点カラー」を簡単にペイントできる**「頂点ペイントモード」**を使います。

●「頂点ペイントモード」の使用

[1]「Layout」タブ（いちばん左端）をクリックし、ワークスペースを変更します。

[2] 3Dビューポート左上のメニューを「オブジェクトモード」から**「頂点ペイント」**に変更します（右図）。

[3]「本体オブジェクト」を**「選択」**します。

● ペイント前の準備

　ペイントする前に、ブラシ（3Dビューポートのいちばん上の「ツール設定バー」）のデフォルトカラーが、モデルのデフォルトと同じ「白」で不便なので、これを入れ替えてから作業することにします。

[1]「ツール設定バー」の「ブラシ」をクリックし、設定を表示します。中の「カラーピッカー」に2つの色が並んでいます。

[2] その隣の図の**「入れ替えアイコン」**をクリックしてください。ブラシの色が「黒」になります。

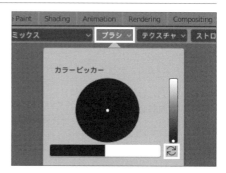

● 色の設定

黒では暗すぎるので「黒」の「カラーボタン」に「灰色」を設定します。

筆者は「中間よりやや暗めの灰色」（#6E6E6E）を設定しました。

ちなみに、この「カラーピッカー」には「16進数」ボタンがあり（ないときもあります）、上記の「16進数」値で直接色を指定することもできます。

● ペイントペイント！

準備ができたので、さっそくペイントしていきましょう。

- 3Dビューポート上で「左ドラッグ」で塗っていきます。

- [Ctrl] + 左ドラッグでもう一方の色（白）で塗ることもできます。最初の準備はこのためです。

- 「ミラー・モディファイアー」を「二分割」オプションを使用している都合で、色を塗ることができるのは「＋X軸」方向（下図の上側）だけです。

- 色づけは「頂点単位」であるため、普通に塗るだけでは完全には塗り分けできない部分ができます。ここではそのままにしますが、もし興味がある方は「7-6　ペイントモード → 頂点ペイント」をご覧ください。

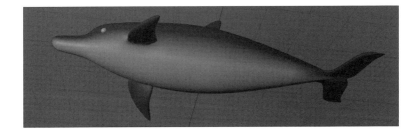

■ マテリアル設定

せっかく塗った「頂点カラー」ですが、まだこのままでは利用できません。
「マテリアルデータ」を追加し、「頂点カラー」を使う設定にします。

---

[1] 3D ビューポートの左上で**「オブジェクトモード」**に切り替えます。

[2] **「Shading」タブ**に切り替えます。

[3] **「シェーダー・エディタ」**の**「新規」ボタン**をクリックし、「マテリアル」を追加します。

[4] **「追加メニュー → 入力」**から**「頂点カラー」**を追加します。

[5] **「頂点カラー」**ノードの**「カラー」ソケット**から、**「プリンシプルBSDF」**ノードの**「ベースカラー」ソケット**までドラッグしてつなげます。

[6] **「プリンシプル BSDF」**ノードの**「スペキュラー」**を**「0.1」**、**「粗さ」**を**「0.4」**にします。

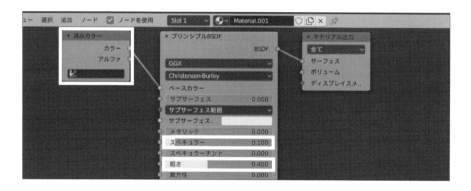

右図のように、色分けされたイルカが表示されれば成功です。

モデル作成はここで終わりですが、背景まで作ってみたい方はもう少しお付き合いください。

2.3　「背景」の作成

　後は「背景」です。水中の雰囲気を出すため「ボリューム・マテリアル」を使って、遠景を見づらくしてみます。

　また、このままでは寂しいので「集光模様」と「海底」も追加してみます。

■ ワールドへの「ボリューム・シェーダー」の設定

[1] 「Shading」タブに切り替えます。

[2] 「シェーディング・モード」を「レンダー・プレビュー」に変更します。

[3] 「シェーダー・エディタ」のヘッダにある、図のセレクトメニューから「ワールド」を選択します（下図）。

[4] デフォルトでマテリアルが追加されているはずですので、「追加メニュー → シェーダー」から「プリンシプル・ボリューム」を追加します。

[5] 「プリンシプル・ボリューム」ノードの「ボリューム」ソケットと、「ワールド出力」ノードの「ボリューム」ソケットをつなぎます。

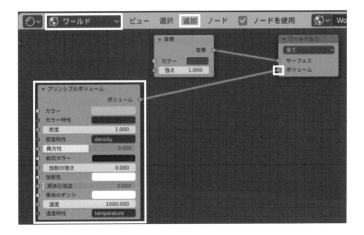

[6] 「カラー」に青緑色(#1D75B5)、「密度」に「0.1」を設定します。

[7] 「プリンシプル・ボリューム」ノードの「カラーボタン」を「背景」ノードの「カラーボタン」に「ドラッグ&ドロップ」します。

■ ライティングの設定

「サンライト」と「透過する平面」で「集光模様もどき」を作ります。

● サンライトの設定

[1] 「Layout」タブに切り替えます。

[2] 「アウトライナー」で「Light」オブジェクトを選択します。

[3] 「オブジェクトデータプロパティ → ▼ライト」から、タイプを「サン」、「強さ」を「20」にします(右図)。

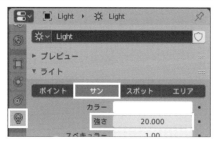

[4] 「3D ビューポート」で [Alt] + [R] キーを押すか「黄色の円をドラッグ」し、このライトを下に向けます。

● 平面オブジェクトの追加と設定

[1] 「平面オブジェクト」を追加し、「イルカ」の上に移動します。

[2] [S] キーなどで拡大します。

[3] 「Shading」タブに切り替え、「シェーダー・エディタ」のヘッダの「ワールド」を「オブジェクト」に戻して「新規」ボタンをクリックし、マテリアルを追加します。

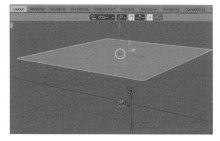

[4] 「追加メニュー → テクスチャ」から「ノイズ・テクスチャ」「ボロノイ・テクスチャ」、「同メニュー → コンバーター」から「数式」ノード（図では「パワー」）を追加して下図のようにつなぎ、右端の「数式」の「値」ソケットを「プリンシプル BSDF」の「アルファ」ソケットにつなぎます。

[5] 各ノードを図のように設定します（この3つ以外はそのまま）。
「ノイズ・テクスチャ」は「ボロノイ・テクスチャ」を複雑に歪めるのに、「パワー（べき乗）」は線をくっきりさせるのに使っています。

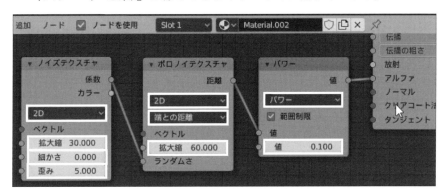

[6] 「シェーダー・エディタ」右端の「<」をクリックして「サイドバー」を開き、「オプション」タブの「▼設定」の「ブレンド・モード」と「影のモード」の両方を「アルファハッシュ」にします。

[7] 「3D ビューポート」で「平面オブジェクト」が図のような模様になっていれば成功です。
線の部分は、下の背景を透過しています。

■「海底」の作成

「プロポーショナル編集」ツールで、簡単な海底を作成します。

[1] 「Layout」タブに切り替えます。

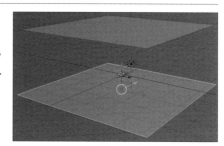

[2] 「追加メニュー → メッシュ」か
　　ら「グリッド」を追加、「移動」ツー
　　ルでイルカの下に移動します。

[3] [S] キーなどで「拡大」します。

[4] 「Modeling」タブに切り替えます。

[5] ヘッダの「◎」をクリックし、隣のドロッ
　　プダウンから「ランダム」を選択します。

　　これは「プロポーショナル編集」ツールと
　　いい、移動などの操作が対象以外にも距離
　　に応じて影響するようになります。

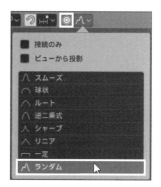

[6] 適当に「頂点」を選択し、「移動」
　　ツールの「青の矢印」をドラッ
　　グ中に「マウスホイール」を回
　　転すると「円」が表示されます。
　　他の頂点が入るよう拡大した後、
　　ドラッグするとランダムな移動
　　量で動きます。

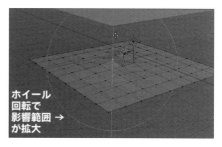

ホイール
回転で
影響範囲 →
が拡大

[7] 編集が終わったら、[5] の「◎」をクリックし、必ず OFF にします。

2.4 「Eevee レンダー」と「カメラ」の調整

現時点では、「集光模様」がボヤけており、さらにせっかく塗ったお腹も見えません。最後に「Eevee レンダー」と「カメラ」を調整します。

[1] 「レンダープロパティ → ▼ 影」の「カスケードサイズ」を「4096」、「ソフトシャドウ」をOFFにします。これで「集光模様」が綺麗になり、ブレもなくなります。

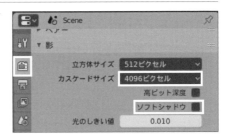

[2] カメラの「境界線部分」をクリック、または「アウトライナー」で「カメラ（Camera）」オブジェクトを選択します。

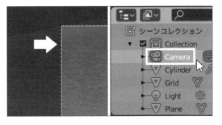

[3] カメラを操作して調整します。残念ながら「2.83」の時点では、カメラビューでのカメラ操作を「ギズモ」などで操作できません。図の「ショートカット・キー」を利用してください。

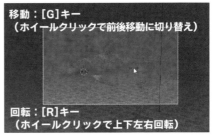

● 静止画像のレンダリング

いちばん上のバーから「レンダーメニュー → 画像をレンダリング」（[F12] キー）を実行すると、もっと綺麗な静止画像をレンダリングできます。

・「新規ウィンドウ」にレンダリング画像が表示されます。
・画像の保存はこのウィンドウ内の「画像メニュー → 保存」を使用します。

以上でチュートリアルは終わりです。お疲れ様でした。

第3章

インターフェイス

独特だった従来のBlenderのインターフェイスが「2.8シリーズ」から一新し、より一般的なものになりました。

3.1　画面のレイアウトと全体的な操作

まず、Blender の「インターフェイス」を改めて見ていきましょう。

■「デフォルト画面」の構成

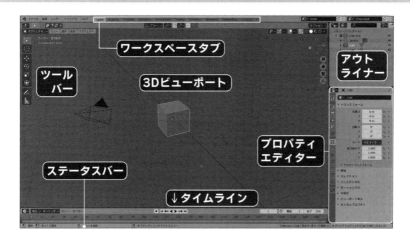

上記は、デフォルト画面の各部の名称です。

> ※ 本書では「アニメーション」について解説しないので、「タイムライン」
> は使いません。
> ※ なお、印刷上の都合により、明るく見やすいように、「テーマ」を変更（「編
> 集メニュー → Blender 設定 ... → テーマ → Blender Light」）しています。

● 3D ビューポート

Blender 内の 3D 空間を映し出し、作業を行なうスペースです。
「ヘッダ」には**「メニュー」**と**「オプション」**が配置され、**「ツールバー」**
には「ツール」が配置されています。

● アウトライナー

「Blender」の 3D 空間や、ファイル内のデータの階層構造の表示・編集が
できます。

●「ツールバー」と「ツール設定バー」

「ツールバー」では「左マウスボタンに割り
当てる」ツールを選択します。

右下に三角があるボタンでは「マウスボタン
長押し」で、そのツールの他のタイプが選択で
きます（右図）。

ドラッグで大きさを変更でき、完全に格納し
てしまうこともできます。

「ツール設定バー」は「現在選択中」のツールの設定ができます。

これは、次の「プロパティ・エディタ」でも可能です。

● プロパティ・エディター

選択中のアイテムの「プロパティ」を表示し編集する場所です。

作業の多くは、ここと「3D ビューポート」で行なうことになります。

左側のタブで内容を切り替えでき、
いちばん上のタブは上記の「ツール
設定バー」と同じ内容になってい
ます。

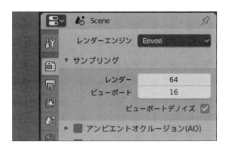

● サイドバー

前ページには表示されていませんが、エリア右端の [<] ボタンをクリック
することで、右側に「サイドバー」が表示され、アイテムのプロパティやオ
プションに素早くアクセスできます。

上記の「ツールバー」同様に、大
きさの変更や格納が可能です。

● ステータスバー

　マウス操作の「ヘルプ」と現在のファイルのデータ統計が表示されます。

■「Blender 2.8」シリーズでの作業の流れ

　「Blender 2.8」シリーズでは、「ワークフロー・リリース」と称し、作業の流れを重視したUIの構築を行なっています。

　その1つが、主な作業内容に合わせた「レイアウト」を切り替えて作業を行なう**「ワークスペース」**です。

● ワークスペースタブ

　画面上部の「タブ」から、「ワークスペース」を選択できます。用途に合わせて編集モード（後述）も自動的に切り替わります。

● 各作業と「ワークスペース」の大まかな流れ

　下図は、各作業内容に対する「ワークスペース」と大まかな流れです。

　ただし、流れは絶対ではありません。

　「テクスチャ・ペイント」後にモデルを修正したり、「コンポジティング」後に、レンダリング画像を再出力することはよくあります。

　あくまでも目安だと思ってください。

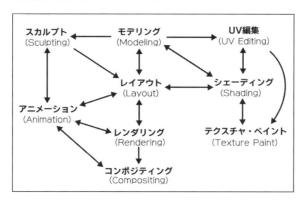

　※ アニメーションに関する作業は本書では解説しません。

■「ワークスペース」のレイアウト変更

各ワークスペースは、作業しやすいようレイアウトを変えることができます。
画面の分割はもちろん、「エディタ・タイプ」も切り替え可能です。

● 領域の分割と統合

「分割」は、右上と左下にマウスカーソルを移動し、カーソルが「＋」の表示になれば内側に**「ドラッグ」**します。

「統合」は、逆に「統合するほう」にドラッグします(右図)。

※ 境界線上での「右クリック・メニュー」からも統合・分割が可能です。

●「エディタ・タイプ」の切り替え

ヘッダ左端の図のアイコンから、「エディタ」を選択可能です。

●「ヘッダ」や「タブ」のスクロール

表示部分が狭くてUIが隠れていても、「中(ホイール)ドラッグ」でヘッダやタブをスクロールできます。

● 現在のエディタの最大化

・ビューメニュー → エリア → エリア最大化を切り替え

([Ctrl] + [スペース] キー)

現在マウスカーソルのあるエディタを最大表示します。

これは、レイアウトを壊さずに、一時的に「3Dビューポート」などを大きくして作業したいときに便利です。

■ 追加と削除

● 追加

> ・追加メニュー（[Shift] + [A] キー）

大半のエディタでの追加は**「追加メニュー」**から行ないます。

実行後の挙動は、エディタによって違い、たとえば「3D ビューポート」であれば、後述の**「3D カーソル」**に作られ、次の**「最後の操作を調整」**パネルが開きますが、「ノード・エディタ」では追加後に移動できるようになっています。

　　　　　　　　　　　　　＊

また、モードによって追加されるものが違うこともあります。

「オブジェクト・モード」では「オブジェクト」が追加されますが、後述の**「編集モード」**では、そのオブジェクトの形状データが**同じオブジェクト内**に追加されます。

●「最後の操作を調整」パネル

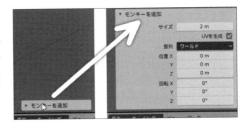

「3D ビューポート」でツールを使った後、左下に図のような「フローティング・パネル」が表示されます。

ここには、直前のツールの「プロパティ」や「オプション」が表示され、調整して、もう一度実行できます。

特に、「3D ビューポート」の「追加」は、この操作が前提です。

> ※ なお、他のツールを実行してしまうと、そのまま確定になります。

● 削除

> ・オブジェクトメニューなど → 削除（[X] または [Del] キー）

選択中のオブジェクトなどを削除します。**[Del] キー**は確認しません。

モードによっては、対象や処理方法のメニューが開くことがあります。

■ ツール実行の「取り消し」と「再実行」「操作履歴表示」

・編集メニュー
→ 元に戻す（[Ctrl] + [Z] キー）
→ やり直す（[Shift] + [Ctrl] + [Z]）
→ 操作履歴 ...

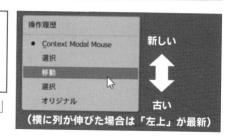

　直前の操作の「取り消し」「再実行」「履歴表示」を行ないます。

■ ツール名検索

・[F3] キー

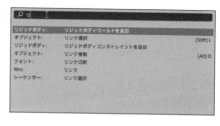

　ツールを日本語で検索や実行ができます。

　初期設定や「プリファレンス」で従来の [スペース] キーに戻すこともできます。

（この場合アニメーションは [Shift] + [スペース] キーに割り当てられます）。

■ お気に入りツール

・右クリックメニュー → お気に入りツールに追加
・[Q] キー（使用時）

　好きな「ツール」や「プロパティ」を入れることができるツールです。

　「編集モード」のツールなど、特定のモードのみ有効になるツールは、そのモード以外では表示されません。

※「2.83」の時点では「プリファレンス」のプロパティなど登録できないものもあります。

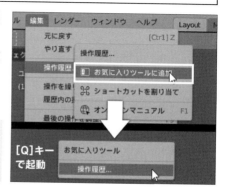

3D ビューポート内の操作

■「ナビゲート・ギズモ」による回転とプリセットビュー

「3D ビューポート」の右上には、図のような「アイコン」と「軸」が表示されており、ここからマウスクリックやドラッグで、ビューが操作できます。

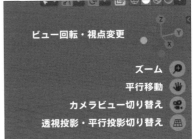

いちばん上の「**座標軸**」はビューに合わせて回転し、マウスがここに入ると白くハイライト表示され、ドラッグ操作できるようになります。

● プリセット・ビュー

「座標軸」の「○」をクリックすると「プリセット・ビュー」に切り替わります。

現在のビューの名前は「3D ビューポート」の左上で「投影方法」（後述）と一緒に確認できます。

「プリセット・ビュー」は、右図のように対応しています。

「プリセット・ビュー」は、「テンキー」でも表示でき、[Ctrl] キーを同時に押すと反対側の視点に、間の [8] [6] [4] [2] キーではその方向に「回転」し、[5] キーでビューの「透視投影 / 平行投影」を、[O] キーで「カメラビュー」を切り替えできます。

● カメラビュー

・ビューメニュー → カメラ
　　　　　　　　（テンキー [0]）

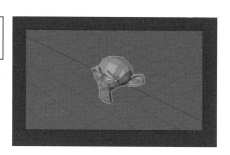

　実際にレンダリングする範囲が
枠として表示され、外側が暗くなり
ます。
　「ビュー → カメラ設定 → アク
ティブオブジェクトをカメラにする」
（[Ctrl] ＋テンキー [0]）で、他のオブジェクトをカメラに指定（切り替え）
できます。

● 透視投影と平行投影

　「3D ビューポート」では、奥行きがつく「**透視投影**」と、付かない「**平行投影**」
が選択できます。
　「平行投影」はモデリング時に便利
です。

平行投影　　　　　　透視投影

■ 中マウスボタンによるビュー操作

・中ドラッグ：回転
・中ドラッグ＋ [Shift] キー：平行移動
・マウスホイール上下：ズーム
・中ボタン＋ [Alt] キー：
　　　　マウスカーソル位置に視点移動

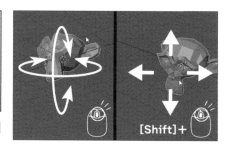

[Shift]＋

　直接「**中（ホイール）ドラッグ**」
で操作することもできます。

> ※「中（ホイール）ドラッグ」は 3D ビューポート以外の他の Blender の
> エディタでも、「画面の移動」に使われています。

■ 便利なビュー

「ビューメニュー」には、他にも便利なビューがあります。

● ローカルビュー

・ビューメニュー → ローカルビュー
　　　　　　　　　　　　　　（[/] キー）

　選択中のオブジェクト（複数可）のみ表示する「ローカルビュー」に切り替えます。モデリング時に便利です。

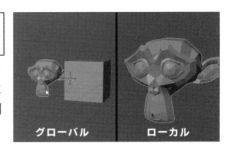

● 選択部分のズーム

・ビューメニュー → 選択を表示
　　　　　　　　　　　（テンキー [.]）

　選択部分をズームアップします。
他のエディタでも使えます。

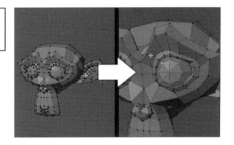

● 全体表示

・ビューメニュー → 全てを表示
　　　　　　　　　　　　（[Home] キー）

　全体が表示され、状況が分かりやすくなります。
　こちらも他のエディタでも使えます。

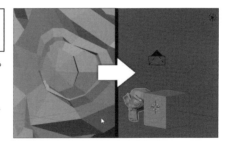

　他にも、三方からの視点を固定した**「四分割表示」（ビューメニュー →
エリア → 四分割表示）**など、**「ビューメニュー」**には便利なビューがあります。チェックしてみてください。

■ 3D ビューポートの表示設定

● 表示設定

「3D ビューポート」のヘッダの右側には、表示用の設定があります。

「オブジェクト・タイプ別表示設定」は名前の通りなので、残りを見ていきましょう。

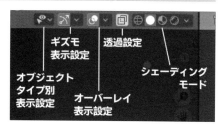

● ギズモ表示設定

「ギズモ」は、マウスでツール操作を直感的に行なうツールです。

前述の「ナビゲート・ギズモ」や後述の「トランスフォーム・ギズモ」などがあります。

右図の囲みの**「左側のアイコン」**でギズモ全体の表示を切り替えできる他、**「右側のボタン」**から各ギズモの表示設定が可能です（図は一部）。

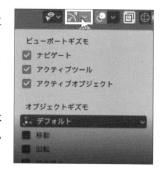

● オーバーレイ設定

「3D ビューポート」で、さまざまな情報をオブジェクトとともに表示する「オーバーレイ」の設定です。

＊

右図の囲み内の左側のアイコンをクリックすると、「オーバーレイ」全体の表示を切り替えできます。

これには「グリッド」の他にも「カメラ」や「ライト」など、レンダリング画像には表示されないオブジェクトの表示も含まれます。

右側のアイコンで、図のように設定が開きます。

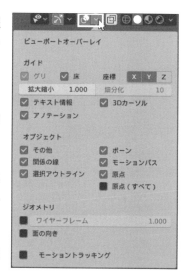

● シェーディング・モード

・3D ビューポートヘッダ、[Z] キー (パイメニュー)

「3D ビューポート」右上で「シェーディング・モード」を切り替えできます。

※「マテリアル・プレビュー」と「レンダー」に切り替えたとき、表示の準備（シェーダー・コンパイル）処理のため、一時的に画面が止まることがあります。

● シェーディング・モード設定

「オーバーレイ」など同様に、右側の [v] ボタンで「各モード用」の設定が開きます。

たとえば「マテリアル・プレビュー」では、デフォルトで「プリセット・ライト」（スタジオライト）を使用し、シーン内の照明は無視されますが、ここでシーンの照明を使うように設定できます（右図）。

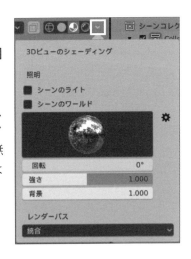

● 透過表示

・3D ビューポートヘッダ
　　　　　　　　　　　　([Alt] + [Z] キー)

形状の表示を透過します。
さまざまな作業で必要になる機能です。

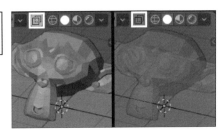

● **裏面の非表示**

平面を床や壁にした場合、片面だけ「非表示」だと作業しやすくなります。

・「ソリッド」シェーディング・モードでは、前述の「シェーディング・モード設定」で一括に切り替えできます。
・「マテリアル・プレビュー」以上では、各オブジェクトの「マテリアル」に設定があります。

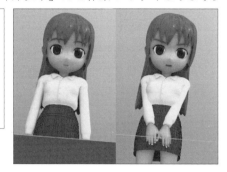

■ **選択操作**

● **選択とアクティブ**

「左クリック」で「選択」できます。
[Shift] キー + 「左クリック」で、「追加選択」になります。

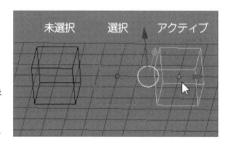

最後の選択は「アクティブ」と呼ばれ、他の選択物より明るくなります。「ペアレント」機能などのツールで特別な意味をもちます。

● **ツールバーの選択ツールと切り替え**

・ツールバーの「選択」ツール上で長押し（選択ツールメニュー表示）
・[W] キー（選択ツール切り替え）

それぞれアイコンで挙動が分かると思いますが、いちばんの上の「長押し」選択ツールは、選択後に「ドラッグ」で移動できるようになります。

デフォルトでは「新規選択」になりますが、**「ツールの設定バー」**の設定オプションで「追加選択」や「選択の解除」などの挙動に切り替え可能です。

● 選択解除

選択部分でもう一度「**左クリック**」すると消える他、前述の「選択」ツール使用中は「ツールの設定バー」で「既存の選択解除」を選択できます。

● 全選択・全選択解除

[**A**] **キー**を押すと、すべて選択されます。

[**A**] **キーを素早く2回押す**と、こんどはすべての選択が解除されます。

> ※ 従来のユーザー向けに、プリファレンスで「2.7x」以前の挙動に変更することもできます（「**キーマップ・タブ → ▼プリファレンス → Select All Toggles（全選択切り替え）**」）。

● 重なっている部分での選択

[Alt] ＋**左クリック**で、カーソル下のオブジェクトのリストが表示されます。

多数のオブジェクトが重なっているときに便利です。

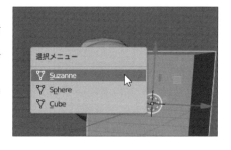

● アウトライナーによる選択操作

アウトライナーからも選択が可能です。単純に選択したいアイテムの名前をクリックすればOKです。

選択状態は、図のようにアイコンと背景色の変化で表示されます。

*

他にも、「**グループで選択**」や「**種類で選択**」、「**パターン選択（名前選択）**」などの選択方法があります。

「選択メニュー」をチェックしてみてください。

■「トランスフォーム・ギズモ」による移動や回転・拡大縮小

「トランスフォーム・ギズモ」は「移動」「回転」「拡大縮小」（トランスフォーム）の操作を行なうギズモで、有効化する方法がいくつかあります。

● ツールバーによる有効化

「ツールバー」の図のアイコンをクリックします。

上からそれぞれ「移動」「回転」「拡大縮小」「全部」に対応しています。

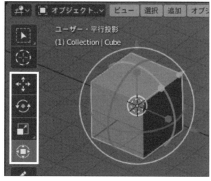

「拡大縮小」ツールのみ「長押し」で箱状の「ケージギズモ」での拡大縮小ツールになります（右下図）。

片方を固定してサイズを合わせたいときに便利です。

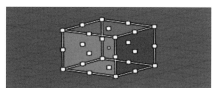

※ ドラッグ中に [Shift] キーを押すと値の増減が「ゆるやか」に、[Ctrl] キーを押すと「一定数」になります。

● ギズモ設定による有効化

3D ビューポート右上のギズモ設定から図のチェックボックスを設定します。
（名前は「オブジェクトギズモ」ですが、同じものです）。

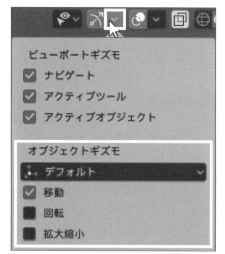

「ツールバー版」との違いは、ツールバーの他のツール（選択など）を有効にしながら、同時使用できることです。

次の項の「軸空間」をそれぞれ変えて併用することもできます。

● 軸空間の指定と種類

操作する「座標系」を指定できます。

「ツールバー」の「トランスフォーム・ギズモ」では、「3D ビューポート中央」、「ギズモ設定」版では同設定内（前ページ参照）で指定可能です。

グローバル	3D 空間全体の座標系を使う。
ローカル	オブジェクトの向きを使う。「モデリング」などで便利です。
ノーマル	「面」や「ボーン」の向きを使う。「モデリング」や「ポージング(本書では割愛)」に便利です。
ジンバル	「X 軸」「Y 軸」が回転に追従して動き、「Z 軸」が固定される。「カメラ」や「サンライト」で便利です。
ビュー	画面上の「X 軸」「Y 軸」に合わせる。

● マウス移動中の特別な操作

・「ギズモ」「ショートカット・キー」、その他「マウス移動」が発生する操作での移動中、**「中マウスボタン」**を押すと、**「軸制限」**モードに入り、いちばん移動量の多い軸に制限されます。

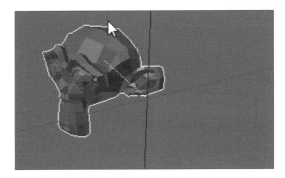

・同様に軸名（[X] [Y] [Z] キー）の入力でも軸制限が可能で、同じキーを押すと座標系が変化します。

・[Shift] キーを押しながらでその軸「以外」に制限できます（例：[Shift] + [Z]キーで「XY 平面」上を自由移動）。

・**「数値入力」** + [Enter] キーで、移動や回転量などを直接指定できます。

● プロポーショナル編集モード

・ヘッダのアイコンまたは [O] キー

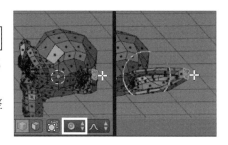

距離に比例し与える影響を変えるモードです。

影響範囲は**マウスホイール**で調整できます（図の円）。

※「円」が見えないときは範囲を縮小してみてください。

■ 3Dカーソル

「3Dカーソル」は、重要なツールの1つで、以下のような役割があります。

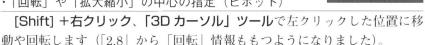

・オブジェクト追加時の位置の指定
・オブジェクトを操作するツール（「オブジェクト整列」「スナップ」など）の基準
・「回転」や「拡大縮小」の中心の指定（ピボット）

[Shift] ＋右クリック、「3Dカーソル」ツールで左クリックした位置に移動や回転します（「2.8」から「回転」情報ももつようになりました）。

[Shift] ＋ [C] キーや、次の「スナップ」機能でリセットできます。

■ スナップ・パイメニュー

・オブジェクトメニューなど → スナップ（[Shift] ＋ [S] キー）

選択物を指定の位置に素早く移動できます。
項目は変わりますが、他のエディタやモードでも利用可能です。

たとえば、

[1] オブジェクト A を選択
[2]「カーソル → 選択物」（下）
[3] オブジェクト B を選択
[4]「選択物 → カーソル」（上）

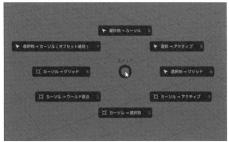

の手順で、「オブジェクト A」の位置に「オブジェクト B」を簡単に移動できます。

> ※ 複数の要素を移動するときは、**「選択物 → カーソル」**の代わりに**「選択物 → カーソル（オフセットを維持）」**を選択すると、「お互いの距離を維持して移動」します。

■「ピボット・ポイント」の設定

・ヘッダまたは [.] キーパイメニュー

「ピボット・ポイント」とは、回転やサイズ変更時の中心点のことです。使用例として、前述の「3D カーソル」との連携があります。

右図では、箱のフタの面を開けるのに、「3Dカーソル」を支点になる頂点に「スナップ」後、「ピボット」を「3D カーソル」にして他の頂点を回転しています。

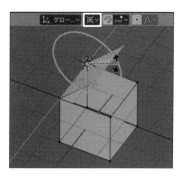

※「トランスフォーム・ギズモ」使用時は、「ピボット・ポイントの位置」に表示されることに注意してください。

■ スナップ・モード（他のエディタ共通）

・[Shift] + [Tab] キー

「またスナップ？」と思うかもしれませんが、こちらは「モード」なのです。

＊

ヘッダにある**「U 型磁石」アイコン**をクリックすると、以降の「トランスフォーム操作」（移動や回転など）が、一定間隔で行なわれます（デフォルト動作）。

つまり **[Ctrl] キー ＋ マウス移動**を押しているのと同じになります（このとき [Ctrl] ＋ マウス移動の機能は反転します）。

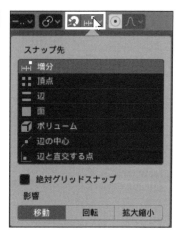

「スナップ」の挙動は、隣の隣のアイコンから変更できます。

たとえば「面」へのスナップは「リトポロジー」と呼ばれる「スカルプト」で作ったモデルを、扱いやすいように再構築するのに使われます。

> ※ ここで選択した「スナップの挙動」は、[Ctrl]＋マウス移動にも影響します。

3.3 「プロパティ・エディタ」と「UI」の要素

「プロパティ・エディタ」は、Blender の中心となるエディタの1つで、選択中の「シーン」や「レンダー」、「オブジェクト」のプロパティやオプションを編集したり使ったりできます。

■ プロパティタブ

エディタの左側には縦に「タブ」が並び、カテゴリに分けられた「プロパティ」を切り替えます。

いちばん上のタブは「ツール設定」タブで、「現在使用中の」ツールと「ワークスペースのオプション」が表示されます。

● パネル

各タブ内でも、プロパティが「パネル」に分類されています。

行頭の「▼」をクリックすると「折り畳み状態」を切り替えでき、右端の「:::」をドラッグして移動することもできます。

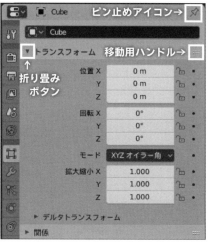

> ※ 間違えて「▼」をドラッグすると、通過した部分が次々と閉じることになるので注意してください。

● ピン止め

　いちばん上の「ピン止め」アイコンで、現在のプロパティの表示対象（オブジェクトなど）を固定できます。

　「プロパティ・エディタ」の領域を分割をした後、「レンダー設定」と「マテリアル設定」を同時に設定したいときなどに便利です。

> ※ ピン止めアイコンは他のエディタにもあります（例：シェーダー・エディタ）

■ プロパティの初期化

　プロパティを変更して試行錯誤をした後で、デフォルト値が分からなくなってしまうことがよくあります。

　プロパティ上で**「右クリックメニュー → デフォルトに戻す」**を実行すれば、簡単にデフォルト値に戻すことができます。

■ データブロック・メニュー

　「プロパティ・エディタ」などの主要なエディタには「データブロック」を選択するための「データブロック・メニュー」があります。

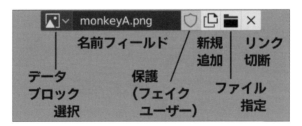

＊

　「データブロック」とは、Blender内で使うデータを表現するデータ形式で、同じ種類の「データブロック」は、このメニューから自由に付け替え（再リンク）できます。

● データブロックの内容の確認

各データブロックのプロパティは、「アウトライナー」の「Blender ファイル」ビューにて、「画像データブロック」の場合は「画像エディタ」で、内容が表示できます。**「3-4 ファイルの管理」**もお読みください。

● データブロックの削除と「フェイク・ユーザー」（盾ボタン）

各データブロックは「×」ボタンを押しても直接削除はできず、単にその利用者（オブジェクトなど）とのリンクが解除されるだけです。

＊

実際の削除は、「.blend ファイル」保存時、対象が完全に未使用のときに削除されます。

> ・保存時に確実に削除したい場合は **[Shift] キー**を押しながら「×」**（リンク切断）ボタンをクリック**します。
> ・逆に保存時の自動削除を回避したい場合は、「名前フィールド」の隣の**「盾アイコン」**をクリックします。

■「カラー・ボタン」と「カラー・ピッカー」

「カラー・ボタン」とは、色を指定するためのボタンで、クリックすると「カラー・ピッカー」（右図）が表示されます。

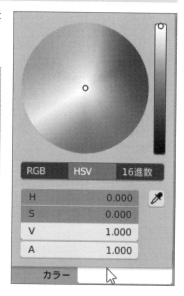

・上の「カラーホイール」や「RGB」「HSV」「16 進数（Web カラー表記、「#F7FFCF」など）」のモードで色を作成できる他、「スポイト」機能で、Blender 内の色を拾ってくることもできます。

・「カラー・ボタン」を他の「カラー・ボタン」にドラッグ＆ドロップして色をコピーすることもできます。
他に実行中の Blender 間では「16 進数」でコピー＆ペーストが可能です。

■ オブジェクトの指定

プロパティには、オブジェクトを指定するフィールドがあります。

・名前が分かっているときは、リストから選択するか、キーボード入力します。

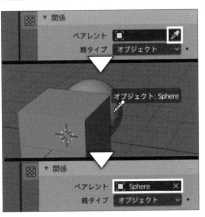

・「入力補完機能」により、名前を途中まで入力すると候補が絞られます。

・対象が画面上にある場合「**スポイト**」を使うと楽です（右図）。
「**スポイト・アイコン**」をクリックし、対象のオブジェクトを「**3D ビューポート**」または「**アウトライナー**」でクリックするだけです。

3.4 ファイルの管理

■ ファイル・ブラウザ

Blender では、専用の「ファイル・ブラウザ」でファイルを扱います。

従来は独特の UI を採用していましたが、「2.81」以降、一般的なファイル用ダイアログの見た目と使用感になりました。

● 設定について

・**「表示設定」のアイコン**から、表示タイプ（「詳細表示」や「サムネイル表示」）が設定可能です。

・**「フィルタ」**では「ファイルの種類」ごとの表示切り替えができます。

・**「歯車アイコン」**（上部右端）で、「オプション」が右側に表示されます（右図）。

● ファイルの保存

・「拡張子」は自動的に付きます。

・名前が重複している場合、「ファイル名フィールド」が赤くなります。

・「ファイル名フィールド」右側にある**「＋ー」ボタン**で、「ファイル名のいちばん右端の数値」を増減できます（ない場合は自動的に追加）。
バージョン管理に便利です。

・「.blend」ファイル保存時に**「ファイルを圧縮」オプション**を使うと、ファイルサイズを小さくできます。

> ※ ファイル読み込み時間と、ファイル間のリンク時にメモリ消費量が増えるというリスクがありますが、個人プロジェクトではさほど問題ならないと思われます。

● ファイルの読み込み

> ・「.blend」ファイルには作業時のレイアウトも保存されており、デフォルトで
> は一緒に読み込まれます。しかし、後述の**「UI をロード」オプション**を**OFF**
> にすることで、「現在のレイアウト」を使って読み込むことができます。

コラム　ファイル読み込み時のセキュリティについて

> 　Blender には、「スクリプト」や「ドライバー」といった Blender を制御す
> る機能がありますが、セキュリティの理由により、デフォルトではファイル読
> み込み時に、図のようなダイアログを表示し、自動的に実行しないようになっ
> ています。
>
> 　もし安全だと分かっているファ
> イルであれば、「実行可能にする」
> をクリックすると実行します。「無
> 視」なら実行します。
>
>
>
> 　今後安全だと思われるファイルしか利用しない、というのであれば、このと
> きに「ずっとスクリプトの実行を可能にする」オプションを ON にするか、「プ
> リファレンス → セーブ＆ロード → Python スクリプトの自動実行」を ON に
> してください。

■ 自動保存と復元

　「Blender」は、一定時間ごとに現在のファイルを「一時フォルダ」（「プ
リファレンス」にて設定可）に「**(ファイル名)_(プロセス ID)_autosave.
blend**」の名前で自動保存します。

　「ファイルメニュー → 復元 → 自動保存」で、Blender が異常終了した場
合も、一時フォルダに自働保存されているファイルを読み込みできます。

　また、**「ファイルメニュー → 復元 → 最後のセッション」**で、Blender の
最後の終了時の自動保存ファイル「quit.blend」を読み込むことができます。
　こちらは間違って「保存せずに終了」を選んでしまったときなどに便利
です。

■ アペンドによる他の「blend ファイル」の再利用

・ファイルメニュー → アペンド...

他のファイルから、オブジェクトやデータを「コピー」する機能です。

[1]「ファイル・ブラウザ」で目的の
　　データがあるファイルを探し、
　　「ダブル・クリック」します。
[2] 各カテゴリのフォルダが表示さ
　　れるので、対象のフォルダを**「ダ
　　ブル・クリック」**します。
[3] 欲しいデータを選択し、最後に
　　[アペンド]ボタンをクリックします。

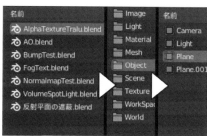

次のような注意点があります。

・「オブジェクト」(Object) や「シーン」(Scene)、「コレクション」(Collection)
　以外のデータ形式では、アペンド直後はどこにもリンクされていないため、
　保存時に消えてしまう可能性があります（後述）。

・親子関係のあるオブジェクトを、関係を保ったままコピーしたいときは、一度
　に「親子両方のオブジェクトを選択して」アペンドするか、あらかじめ同じ「コ
　レクション」に入れて、その「コレクション」をアペンドします。

・デフォルトでは「アクティブ・コレクション」（最後に選択したコレクション）
　にアペンドしますが、「オプション」の「アクティブ・コレクション」を OFF
　にすると、「新規コレクション」にアペンドします。

　※ なお、同様の機能にデータの「参照」を行なう「リンク」がありま
　すが、「2.82」の時点ではこれを活用する「ライブラリ・オーバーラ
　イド」機能が未完成であるため割愛します。
　　静止画の作成なら「アペンド」で充分です。

■ 外部ファイルのパスについて

Blender 内での「画像」などの外部ファイルのパスは**「相対パス」**または**「絶対パス」**で記録されています。

パスは**「シェーダー・エディタ」**や、**「画像エディタ」**の**「サイドバー」**で確認できます（図）。

● 相対パス

現在使用中の「.blend ファイル」の保存場所から「相対的な場所」を記述したパスのことで、**「//」**で始まります（上図）。

「.blend ファイル」と同じフォルダに、その作品専用のテクスチャを置くようなときに適しています（場所を移動したいときはフォルダごと移動）。

● 絶対パス

通常「**C:¥hoge**」のように「ドライブ・レター」で始まります。

これは「.blend ファイル」とは別に、素材ファイルが多数置いてある専用のフォルダを利用するような場合に便利です。

*

なお、デフォルトでは次のルールに従い、ファイル保存時に自動的に「相対パス」に変更されます。

・「.blend」ファイルが未保存の場合、または「.blend」ファイルと、その外部ファイルのドライブが違うと**「絶対パス」**になります。

・編集中の「.blend」ファイルが保存済かつ「.blend」ファイルと外部ファイルのドライブが同じ場合、保存時または外部ファイルを新たに読み込んだときに自動的に**「相対パス」**になります。
（保存時にファイル・ブラウザの**「相対パスに変換」オプション**を OFF にすると変換されません）。

● それぞれの形式のパスへの一括変換

「相対パス」と「絶対パス」は画像読み込み時や置き換え時に、「ファイルブラウザ → 相対パス」オプションの「ON/OFF」や、「ファイルメニュー → 外部ファイル」を利用することで、相互の変換が可能です。

■ 保存時のデータの削除ルール

前述しましたが、Blender ではデータ削除の変わったルールがあります。

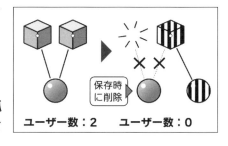

それはデータを格納する「データブロック」がまったく参照されなくなる（リンク数が「0」になる）と**「孤立データ」**となり、**保存時に削除される**というものです。

> ※ ただし画像などの「外部ファイル」の場合、消えるのはファイルへのパスが格納されている**「データブロック」**だけで、**実際のファイルは消えません。**

●「孤立データ」について

「データブロック・メニュー」（→ 2-3）の右図のボタンをクリックすると、ファイル内の同じデータ形式のデータが表示されます。

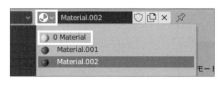

ここで頭に「0」があるものが、**「孤立データ」**です。

「孤立データ」は、「アウトライナー」の「孤立データ」ビューでも確認できます。

●「孤立データ」を防ぐ「フェイク・ユーザー」

「フェイク・ユーザー」は、大切な「データブロック」がこの「孤立データ」になってしまうのを防ぐ機能です。

「3-3 プロパティエディタ → データブロック」で前述した「盾アイコン」は、実際には、この「フェイク・ユーザー」を「偽のユーザー」として追加してリンク数を増やし、ユーザー数を「0」にしない（孤立データにしない）ようにしています。

　　　※ この「フェイク・ユーザー」は、「アウトライナー」の「右クリック・メニュー」でも追加・削除が可能です。

■ 使用中の画像ファイルの確認方法

　現在の「.blend ファイル」で使用中の「画像ファイル」を確認するには、**「画像エディタ」** を使います。

　「画像エディタ」のヘッダの図のボタンのクリックで、サムネ付きで表示され、選択すると画像が表示されます。

・レンダリング画像を再表示するには、**「Render Result」** を選択します。
・「UV エディタ」でも表示は可能ですが、現在選択中の「面」に割り当てられてしまいます。間違えないようにしてください。

■ パスが切れた外部ファイルの確認と修正

　「.blend ファイル」の移動などで外部ファイルが参照できなくなったとき、テクスチャが「紫色」で表示されます。

　そこで、このツールを使うと、パスが切れた外部ファイルのリストを出力してくれます。

[1] 「ファイルメニュー → 外部データ → パスが壊れているファイルの報告」を実行します。

[2] どこかの「エディタ」を「情報」に変更すると、切れているファイルのパスが表示されます（「コピー＆ペースト」も可能です）。

[3] [2] を参照しながら「画像エディタ」または「テクスチャ」ノードでファイルを再指定します。

■ 外部ファイルのパックとパック解除

外部ファイルを「.blend ファイル」に添付できます。

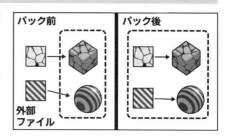

「テクスチャ・ペイント」で作った画像を一緒にしたり、「.blend ファイル」を配布したいときに便利です。

● パックの設定

「**画像エディタ → 画像メニュー → パック**」を実行すると、現在「画像エディタ」に選択中の画像をパックできます。

また「**ファイル → 外部データ**」では、すべての外部ファイルを一括してパック可能です。

*

パック後「データブロック・メニュー」の「ファイル」アイコンが変化し、「パック済」であることを示します（図）。

この後「.blend ファイル」を「保存」すれば、この外部ファイルが「.blend ファイル」内に「添付」されます。

● パック解除

解除するには、上図の「**ファイル**」**アイコン**をクリックし、その後のポップアップで出力場所を指定してください。

Appendix

ここでは、本文に入らず解説できなかった機能を、簡単に紹介します。

■ アドオン

「プリファレンス」から「アドオン」が利用できます。

新たな形状を追加する「追加メッシュ」「追加カーブ」や、各種機能の補助、各種ファイルの「インポート」「エクスポート」など、バンドルだけでも多数のアドオンがあります。

■ Freestyle

「描線」を生成するツールで、「レンダープロパティ → ▼ Freestyle」を有効化した後、「ビューレイヤープロパティ」で各種設定を行ないます。

少し設定が難しく、一度レンダリングしないと表示されないのが欠点ですが、きれいな描線を生成できます。

■ アーマチュア

「アーマチュア」は、モデルを変形する機能の一つです。

「メッシュ・オブジェクト」を「アーマチュア・オブジェクト」に「自動のウェイトで」でペアレントしてアーマチュアの「ボーン」とモデルの「頂点」を関連づけ、「ポーズモード」でアーマチュアをポージングします。

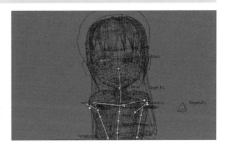

第4章

「オブジェクト」の操作

「オブジェクト・モード」は、オブジェクトの追加やレイアウトのためのモードです。

インターフェイスの章で述べた操作に加え、このモード専用の操作もあります。

また本章では「シーン」や「ビュー・レイヤー」「コレクション」という概念についても解説しています。

4.1 「オブジェクト・モード」の操作

オブジェクトを操作し、配置や複製、関連付けなどの操作を行なう「オブジェクト・モード」での主な操作を解説します。

■ 追加可能なオブジェクト（一部）

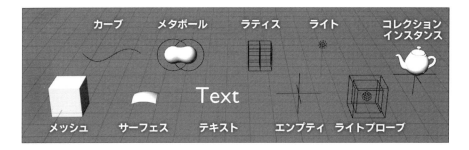

上図は本書で触れているオブジェクトです。

他にも「アニメーション」や「シミュレーション」「2D ドローイング」用のオブジェクトがあります。

■ オブジェクトの追加と「最後の操作を調整」パネル

「**3 章**」で解説ずみですが、オブジェクト追加後「3D ビューポート左下」に表示される「**最後の操作を調整**」パネルで設定ができます。

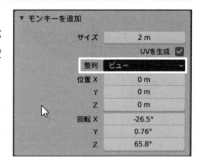

ただし、大半の項目は後で設定可能なので、たいていは以下のような用途でよく使用されます。

・「メッシュ・オブジェクト」などの形状の設定（「**分割数**」など）
・オブジェクトを画面に向けて生成したいとき（「**整列 → ビュー**」。上図）
・ここでの設定を、以降追加するオブジェクトにも同様に使いたい場合

また、次のことにも注意してください。

> ・「3D カーソル」(→ 3-1) の位置に追加されます。
> ・最後に選択した「コレクション」(→ 4-2) に追加されます。

■ ペアレント

「ペアレント」とは、オブジェクト
間で「親子関係」を作ることです。

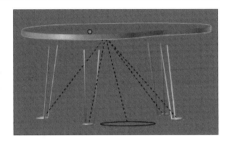

「親」への操作が「子」に影響する
ようになるため、多数のオブジェク
トをまとめて操作するのに便利です。
いくつか方法があります。

● 「アウトライナー」によるペアレント

「アウトライナー」で、「子オブジェ
クト」のアイコンを「親」のアイコ
ンに「[Shift] キー + ドラッグ＆ド
ロップ」します。

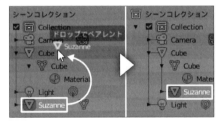

簡単ですが、細かい設定ができま
せん。

● 「ペアレント」ツールによるペアレント

[1] 「子オブジェクト → 親オブジェ
クト」の順番で [Shift] キーを押
しながら選択し、「右クリックメ
ニュー → ペアレント」([Ctrl]
+ [P] キー) を実行します。

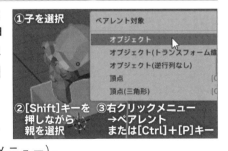

[2] メニューから対象を選択します
(図は [Ctrl] + [P] キーによるメニュー)。
通常は「オブジェクト」で OK ですが、ペアレント後に子オブジェクト
が行方不明になる場合は「[Ctrl] + [P] キー → オブジェクト（トラ
ンスフォーム維持)」を試してみてください。

■ 原点の操作

・右クリックメニュー → 原点を設定

　原点はオブジェクトの「移動」「回転」「拡大縮小」の中心となる場所で、ドアなどの回転の中心をズラしたり、接地部分に移動して配置しやすくする時などに便利です。

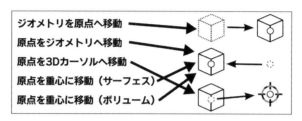

ジオメトリを原点へ移動
原点をジオメトリへ移動
原点を3Dカーソルへ移動
原点を重心に移動（サーフェス）
原点を重心に移動（ボリューム）

　※ また「**ツールの設定バー → オプション → 影響の限定 → 原点**」を ON にすると、直接原点を移動できます。

■ トランスフォームのクリア

・オブジェクトメニュー → クリア

　オブジェクトに加えたトランスフォーム操作（移動や回転、拡大縮小）をリセットします。

　「ペアレント」の「子」オブジェクトの場合、親の「位置」「回転」「拡大縮小」を基準とした値になります。
　たとえば「移動」の場合は、「親」と重なります。

■ オブジェクトを整列

・オブジェクトメニュー → トランスフォーム → オブジェクトを整列

　「**オブジェクトを整列**」は、実行後に「**最後の操作を調整**」パネルで調整するツールです。

「整列」 で整列する軸（[Shift] ＋クリックで複数選択可）、**「整列モード」**
で並べ方を、**「基準の対象」** で並べる基準を選択します。

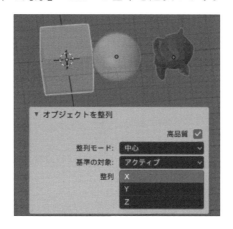

■ 適用ツール

・オブジェクトメニュー → 適用（[Ctrl] ＋ [A] キー）

「適用」ツールは、オブジェクトへ
の「トランスフォーム操作」の結果
を「モデル・データ」に反映させます。

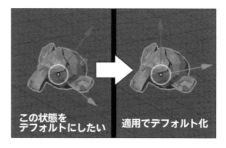

*

「回転」や「拡大縮小」を適用した場合は値がリセットされ、現在の状態
がデフォルト状態となります。

たとえば、斜めに回転した状態を初期状態にしたいときは **「適用 → 回
転」** を使うと、回転リセット時にその状態に戻ります。

> ※ 他にも「オーバーレイ」の「辺の長さ」ツールなど、「拡大縮小」が「1.0」
> であることを前提にしたツールを使う前にも実行します。

■ オブジェクトの表示オプション

・オブジェクトコンテクスト → ▼ビューポート表示

　オブジェクトごとに「ビューポート」とその「オーバーレイ」に表示する内容を設定できます。

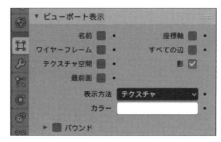

・**「表示方法」**は表示可能な「シェーディング・モード」でのみ対応しています。
・**「カラー」**は「ワイヤーフレーム」と「ソリッド」シェーディング・モードの表示設定で、「オブジェクト・カラー」を指定した時のみ有効です。

　　※ チェックボックスの「ワイヤーフレーム」は、オブジェクト上にワイヤーフレームがオーバーレイ表示されるだけなので、完全にワイヤーフレーム表示するには、**「表示方法 → ワイヤーフレーム」**を設定してください。

■ 選択物の非表示と再表示（他のエディタ共通）

・[H] キー：選択物を隠す
・[Shift] + [H] キー：非選択物を隠す
・[Alt] + [H] キー：非表示状態の解除

　選択物を非表示にします。
　表示状態は「アウトライナー」にも表示されます。
　上記のキーを押したりして、不意に消えたときは確認してください。

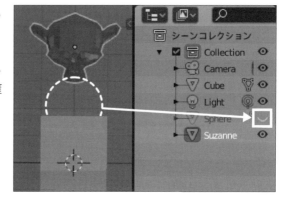

■ 複製ツール

● 複製（他のモード・エディタ共通）

・右クリックメニュー → オブジェクトを複製など（[Shift]＋[D]キー）

選択オブジェクトを複製します。

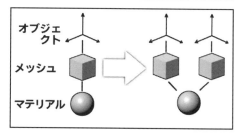

「オブジェクト」とその「オブジェクト・データ」（形状など）がコピーされ、「マテリアル」などのデータは作ったコピーとの共有になります（「プリファレンス」で変更可）。

> ※ 他のオブジェクトの「子」オブジェクトを複製すると、複製されたオブジェクトも同様に「子」オブジェクトになります。
> ※ [Ctrl]＋[C]キー → [Ctrl]＋[V]キーによる「コピー&ペースト」も同じ挙動ですが、ペーストした場所に複製が現われます。

● リンク複製

・右クリックメニュー → リンク複製など（[Alt]＋[D]キー）

「オブジェクト・データ」を「共有」したまま複製します。

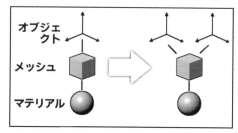

複製にも形状の編集を反映させたい場合や、同じ形状が多数あるシーンでのファイルサイズの節約などに使えますが、「モディファイアー」（→ 5-5）が「適用」できない弱点があります。

● データの独立化

・オブジェクトメニュー → 関係 → シングルユーザー化
　　　　　　　　→ オブジェクトとデータ → 選択オブジェクトのみ

リンク複製したオブジェクトのデータを、通常のオブジェクト複製のように元オブジェクトとは別に独立させることができます。

■ オブジェクトの統合

・オブジェクトメニュー → 統合（[Ctrl] + [J] キー）

「同じタイプ」のオブジェクトのデータを統合します。

統合後の各オブジェクトのパーツは構造的には分離されているので、それぞれ **[L] キー**（**リンク選択**）で簡単に選択できます（→ **5-1**）。

■ 「オブジェクト・タイプ」の変換

・オブジェクトメニュー → 変換

「オブジェクト・タイプ」を変換します。

「メッシュ・オブジェクト」への変換は基本的には不可逆で、「テキストオブジェクト」からの変換は一方向のみで元には戻せません。

4.2 「シーン」と「ビュー・レイヤー」コレクション

■「シーン」と「ビュー・レイヤー」

デフォルトの「アウトライナー」は「ビュー・レイヤー」モードになっており、「シーン・コレクション」や、通常の「コレクション」「オブジェクト」が表示されています。

これら「シーン」と「ビュー・レイヤー」は、それぞれ「ヘッダ」から表示を切り替えできます。

この2つは、いったい何なのでしょう。

● シーン

「シーン」は「ビュー・レイヤー」や「コレクション」「オブジェクト」が入る「3D空間」です。

各シーンは「シーン・コンテクスト」で「カメラ」を指定したり、「背景シーン」設定で他のシーンを後ろに表示できます。

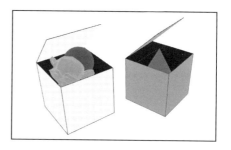

● ビュー・レイヤー

一方「ビュー・レイヤー」は、「パス」と呼ばれる、画像の成分（「Z深度」「ノーマル（法線）」など）や、「オブジェクト」「コレクション」の表示やレンダリングをそれぞれ切り替えて出力できる機能です。

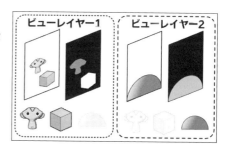

これらは、アニメーションや複雑な合成作業を行なうときに役に立ちます。

■ コレクション

「コレクション」は、オブジェクトをまとめる機能の1つで、「シーン」に存在するオブジェクトはデフォルトで「シーン・コレクション」の下のいズレかのコレクションに属しています。

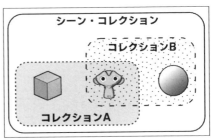

「コレクションの入れ子」や、単一オブジェクトを2つ以上のコレクションに入れることもできます。

＊

他にも、次のようなことが可能です。

- ・「コレクション単位」の「**表示**」や「**レンダリング**」「**選択**」のON/OFF
- ・同じコレクションに属するオブジェクトの選択（「**関係で選択**」ツール）
- ・「**追加メニュー**」や「**パーティクル機能**」による「**インスタンス（実体のないコピー）**」の作成
- ・別のファイルからの「コレクション単位」の「**アペンド**」と「**リンク**」

● 新規コレクションの作成

次のいずれかを実行します。

- ・「アウトライナー」内で「**右クリックメニュー → 新規**」を実行（図）

- ・「3D ビューポート内」で [M] キー → 「+ New Collection」を実行

※ 他にも方法はありますが、アウトライナーの「ビュー・レイヤー」や「シーン」モードから見えなくなるため、推奨しません。

● コレクションへのオブジェクトの登録

方法はいくつかあります。

[A] 「3Dビューポート」でオブジェクトを選択後、**右クリックメニュー → 「コレクションに移動」**を実行（現在のシーン内コレクションのみ）

[B] 「アウトライナー」で「コレクション」へドラッグ＆ドロップ（図）

[C] 「オブジェクトプロパティ → ▼コレクション → コレクションに追加」

● 「追加メニュー」からの「コレクション・インスタンス」の追加

「インスタンス」とは実体のないコピーのことです。

　編集できない代わりに、[4-1]の「リンク複製」同様に、メモリの節約や形状の共有が可能です。

・操作用の「エンプティ」とともに追加されます。

・**「オブジェクトメニュー → 適用 → インスタンスを実体化」**でインスタンスを実体化できます（実行後も形状データはリンクされたままなので、形状を個別に変更したい場合はリンク複製同様に、**「データの独立化」**（5-1 → 複製ツールを参照）を行なってください）。

● コレクションの詳細設定

「オブジェクトプロパティ → ▼コレクション」からも現在のオブジェクトが属しているコレクションの確認や、追加や削除が可能です。

　「複製のレイヤー」は元オブジェクトのレイヤーに対する「マスク」として働き、もし元オブジェクトのあるレイヤーがこの設定でOFFの場合、インスタンスは表示されません。

※ このパネル内の [＋] ボタンからも新規コレクションが追加できます
が、前述のように「アウトライナー」の「ビュー・レイヤー」などで見
えなくなるため推奨しません。

● インスタンスの位置の「ズレ」の補正

インスタンス追加時、操作用の「エンプティ」とズレて「インスタンス」
が表示されることがあります。

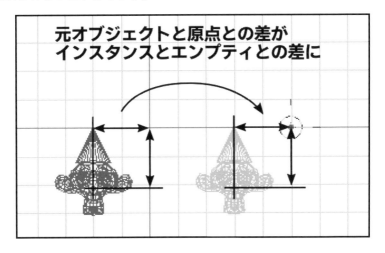

これは、上記パネル内の「X、Y、Z」への「オリジナル・オブジェクト」
の「グローバル座標」の設定で補正できます。

また「3D カーソル」を「オリジナル・オブジェクト」に「スナップ」（→
3-1）後、上記コレクション名右端のメニューボタン（[v]）から「**カーソ
ルからオフセットを設定**」でも設定できます。

第5章

モデリング

　本章では、「Blender」の「編集モード」の操作と、「チュートリアル」で解説した「トポロジー・モデリング」以外のモデリング方法について解説します。

　よく使うツールの説明は、「チュートリアル」を参照してください。

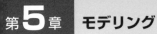

5.1　「メッシュ構造」について

まずは「Blender」で主に使われる「メッシュ形状」の構造について、少しおさらいしましょう。

■ 面の向き

3D-CG において、「面の向き」は非常に重要です。

たとえば、連続する面で表裏が揃っていないと、異常な結果になることがあります。

また、モデル同士の「交差状態」を使うツール（「ブーリアン・モディファイア」など）でも、モデルの「内部」と「外部」が正しく判定できなくなります。

*

「面の方向」は、「**編集モード**」時に、「**オーバーレイ・メニュー → ノーマル**」の図のボタンで、面の中心から垂直に伸びる「**法線**」（ノーマル）を表示することで確認できます。
（図はサイズを「1.0」に設定）。

● 「面の向き」の修正

面の向きを外側や内側に整列させるには、まず対象の面を選択後、「**編集モード**」で「**メッシュ・メニュー → ノーマル**」（[Shift] ＋ [N] キー）を使います。

※ 個別に反転したい場合は、同メニューから「面を反転」を使います。

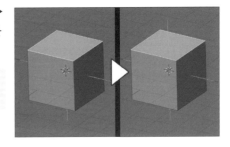

■ スムージングについて

デフォルトのメッシュ形状の表示は、面ごとに光の陰影を決定する、「フラット・シェーディング」になっています。

*

物体を滑らかに表示したい場合は、「右クリックメニュー → シェーディング」で設定可能です。

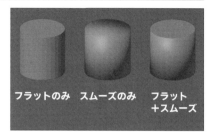

フラットのみ　スムーズのみ　フラット ＋スムーズ

> ※「オブジェクト」や「メッシュ・メニュー」でも可。

「オブジェクト・モード」では「形状全体」に設定され、「編集モード」では「選択部分」に設定されます。

■「辺ループ」「面ループ」について

「辺ループ」（エッジ・ループ）とは、図のように「辺」が「輪」になっている状態のことです。

また、「面」が同様の状態になっているものを「面ループ」と呼びます。

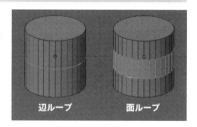

辺ループ　　　　面ループ

*

これは、「メッシュ構造」をなるべくきれいに保つ要素の一つであり、「ループカットとスライド」（[Ctrl] + [R] キー）と「ループ選択」（[Alt] + 右クリック）で、素早くきれいにモデリングできます。

■「サブディビジョン・サーフェス」について

チュートリアルで使った「サブディビジョン・サーフェス」は、曲面を少ない頂点数で表現する機能です。

「辺の分割数」によって滑らかさが変わり、「辺の長さ」で曲率も変わります。

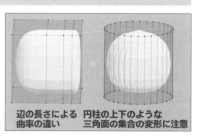

辺の長さによる 曲率の違い　円柱の上下のような 三角面の集合の変形に注意

また、辺に「**クリース**」（[Shift] + [E] キー）を設定すると、その辺と生成される曲線が近くなり、鋭くなります。

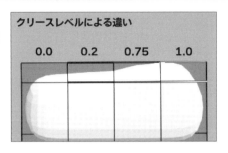

クリースレベルによる違い

5.2　「編集モード」用の操作

「メッシュ・オブジェクト」の「編集モード」でよく使う操作と、「チュートリアル」で解説しなかった主な「モデリング」ツールについて補足します。

■「編集モード」への移行

・3D ビューポートのヘッダ（[Tab] キー）

「**3D ビューポート**」のヘッダから選択することでモードを移動できます。

[**Tab**] **キー**は、押すたびに「編集モード」と "直前のモード" を切り替えます。

■「編集モード」中の形状の追加

編集モード時も「**追加メニュー**」から基本形状が追加できます。

また、「**メッシュ・メニュー → 複製**」で選択部分のコピーも可能です。

■「メッシュ選択モード」の選択

・ヘッダ、[1]、[2]、[3] キー

「編集モード」での選択対象を選択します。

使用ツールによっては、挙動が変化したり、選択モードが自動的に切り替わることもあります。

■「選択領域」の拡大縮小

・選択メニュー → 選択の拡大縮小（テンキー [＋] または [－] キー）

　現在の選択領域を、「大きく」また
は「小さく」します。

　円錐状の形状で中央の頂点を選択
後、素早く周囲を選択したり（右図）、
「ボックス選択」や「サークル選択」
が利用できない面倒なところの選択
に便利です。

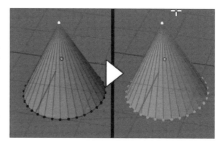

■ リンク選択

・[L] キー

　構造的につながっているものを選
択します。

　メッシュを統合したときにパーツ
ごとに選択したいときに便利です。

　他のエディタ（「ノード・エディタ」
など）でも利用可能です。

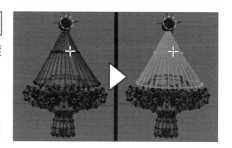

■ 構造の分離

・メッシュ・メニュー → 頂点 → 分離（[Y] キー）
・メッシュ・メニュー → 頂点 → 別オブジェクトに分離（[P] キー）

　選択部分の形状を構造的に分離し
ます。

　「別オブジェクトに分離」は選択部
分以外にも「マテリアルの割り当て」
や「構造的に分離したパーツ」で対
象を指定可能です。

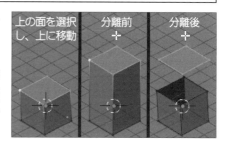

上の面を選択
し、上に移動　　分離前　　分離後

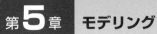

■「メッシュ編集モード」専用の削除メニュー

> ・メッシュ・メニュー、右クリック・メニューなど
> → 削除（[X] または [Del] キー）

削除
頂点
辺
面
辺と面のみ
面だけ
頂点を溶解
辺を溶解
面を溶解
限定的溶解
辺を束ねる（各領域毎）
辺ループ

　「頂点・辺・面」の個別の削除だけでなく、**「溶解」**（**形状を保ったまま頂点などを削除**）や**「辺を束ねる」**（**領域毎に中心の辺にまとめる**）、**「辺ループ」**（**辺ループのみ削除**）のような特殊なツールもあります。

　「右クリック・メニュー」からは、現在の選択モードに合わせた「削除」ツールが使用可能です。

5.3　「下絵」を使ったモデリング

　下絵を使ったモデリングは「キャラクター」や「車」など、正確に形状を作成するときに利用します。

■ 下絵の用意と追加

[1]「Jpg」や「PNG」などの形式の**「下絵ファイル」**を用意します。

[2] ビューは**「平行投影」**にします（**3D ビューポート右端の「グリッド」ギズモをクリック、またはテンキーの [5] を押下**）。

[3] Blender に**「ドラッグ＆ドロップ」**すると**「画像オブジェクト」**がビューに向いて追加されます。

[4] **「ギズモ」**（四隅と中央の×）や**「トランスフォーム」ツール**などで参照しやすいよう調整します。
「プロパティエディタ → オブジェクトデータ・プロパティ（画像アイコン）」の**「透過」**を ON にし、調整したほうが見やすいでしょう。

■「プリミティブ」と「モディファイア」の追加

「プリミティブ」（基本形状）は、次に解説する、①下絵を参考に、チュートリアルのように「プリミティブ」（基本形状）を利用してモデリングする方法と、②「平面」を追加し、「面のみ」で削除後、下絵に合わせて頂点を追加してトレスする方法——があります。

> ・左右対称のモデルでは**「ミラー・モディファイア」**を追加すると楽です（**「2 章　チュートリアル」**を参照）。
> ・**「サブディビジョンサーフェス・モディファイア」**による編集時「曲線」も同時に表示されますが、下絵と重ならないときは**「右クリック → 細分化」**で頂点を追加してみてください。
> ただ、後で頂点が増えるにつれ形状も変わるため、神経質になる必要はありません。

■ 下絵に合わせて「プリミティブ」を変形する方法

対象に似たプリミティブ（車なら「立方体」など）を、画像のプロポーションを参考にしつつ、変形していく方法です。

立体の構造を予想しやすく、比較的単純な形状にお勧めです。

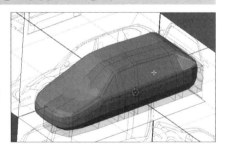

■「下絵」をトレスする方法（中級者以上用）

画像を「辺」でトレスし、後で立体化します。

この方法は、モデルの構造を理解している人向けです。単純にトレスするだけでは、立体化する時に戸惑うことになります。

＊

トレスには、次の方法があります。

- 頂点を選択し、「**押し出し**」（[E] **キー**）と移動を繰り返す。
- 頂点を選択し、[Ctrl] + **右クリック**（右クリック選択キーマップでは左クリック）で頂点を追加する。
- 「**辺**」を選択後「**右クリックメニュー → 細分化**」で分割し、移動する。

　逆に、頂点を減らしたいときは、[Del] **キー → 「頂点を溶解」**を使います。
　頂点同士をつないだり、面を作るには、頂点を複数選択した後、「**頂点メニュー → 頂点からの新規辺 / 面**」（[F] **キー**）を実行します。

*

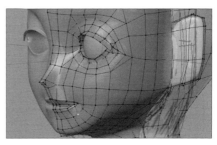

　「顔」などの場合、「輪郭」や「目」「鼻」「口」などの特徴的な「パーツ」をトレスした後、各パーツを立体的な位置に移動、変形後、各部位をつなげていくとやりやすいと思います。

　つなげるとき、その間の空間は格子状にすると「UV 展開」や「サブディビジョン・サーフェス」使用時に歪みが少なくなります。

　他の人が作ったモデルの構造を参考にするといいでしょう。

5.4　スカルプト・モデリング

　ここまでのモデリング方法（トポロジー・モデリング）では、メッシュ形状の構造を考える必要がありました。

　一方、この「スカルプト・モデリング」は、形状の構造を意識せず、粘土のようにモデルを作成できます。

*

　次のような利点と欠点があります。

[利点]
○ 形状の構造をあまり考えなくてよい（まったく考えなくていいわけではない）
○ 複雑な凹凸をもつ「有機物」の作成が比較的簡単に行える

[欠点]
× データが大きくなりがちで、PC の処理能力によっては作業が難しくなる
× ゲームやアニメーション用にそのまま使うには重いため、「リトポロジー」で「ローポリ・モデル＋ノーマル・マップ」にするなどの作業が必要

■「ダイナミック・トポロジー」によるスカルプト

「スカルプト・モデリング」を行なう方法はいくつかありますが、ここでは「ダイナミック・トポロジー」を使い、一からスカルプトする方法を解説します。

これはスカルプトした部分の面を動的（ダイナミック）に「細分化」や「統合」することでデータ量の増加を抑え、比較的軽く作業ができます。

---

[1]「ファイルメニュー → 新規 → Sculpting」を実行します。
　　既存のモデルを使うときは、(a)「Sculpt」ワークスペースに切り替えるか、(b)「3D ビューポート」から「スカルプト・モード」を選択します。

[2]「ツール設定バー」または「プロパティ・エディタ」の「ツール・プロパティ」から「Dyntopo」をクリックします。

[3]「Dyntopo → ディテールサイズ」を調節します（小さいほど細かくなりますが、重くなります）。

　　※ 既存のモデルの使用時、「UV などの情報が失われる」という警告がでる場合があります。
　　都合が悪ければ「Dyntopo」を使わず、自分でモデルを「細分化」してください。

■ スカルプトのワークフロー

単なる一例です。もっと効率的な方法があるかもしれません。

[1]「スネークフック」ブラシ（[K]キー）を使い、「ブラシ・サイズ」を大きくし大まかに作っていきます。
　　パーツの移動はすぐ上の「エラスティック変形」ブラシが便利です。

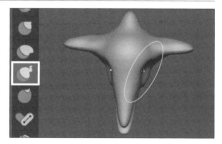

・[F] キーを押すと、「ブラシ・サイズ」を素早く変更できます。

・[Shift] キー + ドラッグで「スムーズ」ブラシになります。

・デフォルトのブラシ半径は共通ですが、**プロパティ・エディタの「ツールプ**
ロパティ → ▼ブラシ設定 → 半径」左端の「**地球アイコン」**を OFF にすると、
別々になります。

[2] 凹凸をつける前に「**▼ Dyntopo**
→ リファイン方法」の「**細部化**
と統合」を「**辺を細分化」**に変
更します。これはズームアウト
時に細部を潰されるのを防ぐた
めです。

[3] 「**ドロー」**([X] キー）や「**ブロブ」**
ブラシなどで凹凸を付けます。
パーツを細くしたいときは「**ス**
ムーズ」、逆に太くしたいときは
「**インフレート」**ブラシが便利
です。

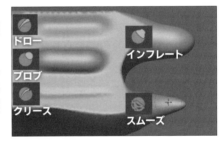

「**クリース」**（[Shift] + [C] キー）ブラシは溝の作成に最適です。

※ [Ctrl] キーを押しながらドラッグすると、効果が反転します（凹凸の切
替など）。

[4] ブラシ選択中、「**ブラシ・プロパ**
ティ」でテクスチャを設定でき
ます。
「**タイプ」**で、画像だけでなく「プ
ロシージャルテクスチャ」（「ボ
ロノイ」など）も利用可能です。

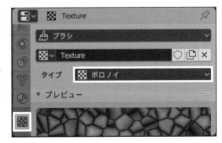

■「リメッシュ機能」によるモデルのデータ量削減

「リメッシュ」とは、現在のモデルの形状を維持して、メッシュモデルを再生成することです。

リメッシュ機能は、これを自動的に行ない、面数を減らして軽量化できます。

ただし、薄い部分などでは失敗することがあります（図の「翼」部分）

[1]「Dyntopo」使用中であればOFFにします。

[2]「ツールの設定バー → リメッシュ」をクリックし、「ボクセル・サイズ」を調整します。大きくすると面数が減り、細部も消えます。

[3]「リメッシュ」ボタンをクリックします。

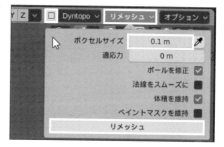

「**ステータスバー**」右側に「メッシュ・オブジェクト」のデータが表示されるので、参考にしつつ「ボクセル・サイズ」を調整してください。

■「ノーマル・マップ」へのディテールのベイク

リメッシュで作成された「ローポリ・モデル」に、「オリジナル・メッシュ」のディテールを「ノーマル・マップ」で再現します。

　　※「ノーマル・マップ」へのベイクについては **「7-2 レンダリングの設定」** にて解説しています。そちらを参照ください。

5.5 その他の関連ツール

■ テキスト・オブジェクト

「テキスト・オブジェクト」で、文字フォントを利用した３Ｄ形状を作成できます。日本語フォントも利用可能です。

「立体的なタイトル」や「文字状のモデル」（装飾品やお菓子など）に便利です。

● フォントの指定

・オブジェクトデータプロパティ → ▼フォント → 標準

「ボールド」や「斜体」用のフォントも設定可能です。

マテリアルも他のオブジェクトと同様に利用可能ですが、「テクスチャ座標」は「生成」のみです。

● 文字の変形

「▼ジオメトリ → オフセット」で文字を太く（形状が壊れることがあります）、「押し出し」で厚み付け、「▼ベベル」で面取りができます。

> ※ もっと細かい変形は、「メッシュ・オブジェクト」に変換してください。

● カーブに沿った文字列の作成

「テキスト・オブジェクト」に後述の「カーブ・モディファイア」を追加し、「カーブ・オブジェクト」を追加指定すると、文字をカーブ上に配置できます（上図）。

「カーブ」との相対位置で変形の具合も変化します。

● **日本語を含む「テキスト・オブジェクト」の作成について**

「2.83」の時点では、「テキスト・オブジェクト」の「編集モード」でIMEによる日本語入力ができません。

代わりに、「Blender」のどこかの「名前フィールド」や、アプリケーションから文字列を「コピー」（[Ctrl] + [C] キー）後、「編集モード」で「ペースト」（[Ctrl] + [V] キー）してください。

■ 回転体の作成

● スピンツール

・ツールバー → スピン

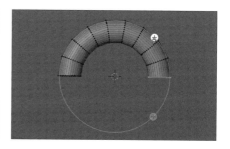

選択部分を「断面」として回転し、立体にします。

※ 断面は面を貼っていない、「中空」である必要があります。

3Dビューポートの**「ギズモ」**で「角度」と「回転の中心」が、上部の**「ツールの設定」**バーで「分割数」や「回転軸」が設定可能です。

●**「配列モディファイア」による回転体**

「ファン」や「椅子の脚」など、同じパーツを円状に並べるには、**「配列モディファイア」**が便利です。

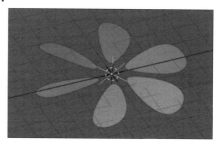

元の形状の変更が他のコピーにも反映され、調整しながら作業できます。

[1] 並べるパーツを作ります。「原点」が回転の中心になりますので、中心からの距離は「編集モード」で調整してください。

[2]「モディファイアプロパティ → モディファイアを追加 → 配列」を実行します。

[3] パーツの原点の位置に、「エンプ
ティ」オブジェクトを追加します。

[4] 「モディファイア」パネルの「オ
フセット (OB)」を ON にし、[3]
の「エンプティ」を指定します。
その他は右図を参照してください。

[5] 「エンプティ」を回転します。

■ 主なモディファイア

チュートリアルで使った「ミラー」や「サブディビジョン・サーフェス」
以外にも、「モディファイア」はあります。

ここでは、その一部を紹介します。

・各モディファイアは、**「モディファイア・スタック」**と呼ばれるリスト内で、
上から順に変形処理されますが**「元データ」は変更されません。**

・パネル内の**「適用」ボタン**を押すと、
「元データ」に変更を加えることが
でき、そのモディファイアは消え
ます。

ただし、スタック内のいちばん上以外は適用ができないときがあり、形状を
共有している場合も適用はできません。

・前ページの「配列」モディファイアのように、別のオブジェクトを利用するも
のもあり、未指定の場合は「モディファイア名」が赤く光り、無効であるこ
とを知らせます。

● **ブーリアン**

他の「メッシュ・オブジェクト」と「ブーリアン演算」を行ない変形します。

相手を**「オブジェクトプロパティ → ビューポート表示 → 表示方法 → ワイヤーフレーム」**にすると便利です（図）。

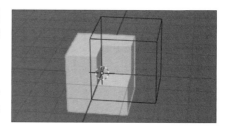

● **配列**

形状を並べます。重なる部分の結合（マージ）も可能です。

前ページのように「オフセット用のオブジェクト」を使うと、回転して配置するなど自由度が広がります。

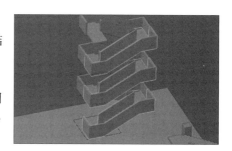

● **ベベル**

オブジェクトの形状を「面取り」します。

また「断面」を設定することで、図のような複雑な形状の面取りもできます。

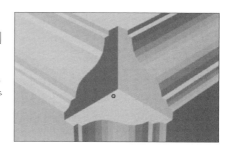

● **ソリッド化**

オブジェクトに「厚み」を付け、「ソリッド・オブジェクト」にします。

特に「影」や「屈折」などを使うとき、形状に厚みがあるほうがうまく動作するため、特に理由がなければ、この「モディファイア」の使用にかかわらず、形状には厚みを付けることをお勧めします。

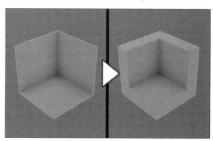

● ラティス

「ラティス・オブジェクト」を追加し、「編集モード」で頂点を変形後、変形したいオブジェクトに、このモディファイアを設定することで、位置が重なる部分を変形できます。

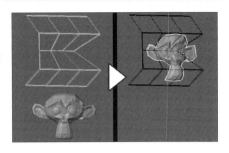

● カーブ

他の「カーブ・オブジェクト」を利用し、カーブに沿った変形を行ないます。

「配列」の下に追加すれば、「無限軌道風」（図）も作成可能です（パーツが変形するため「風」ですが）。

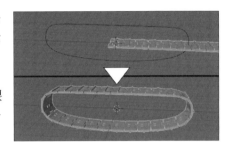

■ メタボール・オブジェクト

「メタボール」は、球などの「メタ要素」を複数配置し、「相互作用」でモデリングする機能です。

有機的な形状に適しています。

・「メタボール・オブジェクト」は、中の「メタ要素」間だけでなく、他の「メタボール・オブジェクト」間とも相互作用します。

・「メタ要素」は、それぞれ「半径」（外側の円）と「剛性」（内側の円）をもち、「編集モード」で操作します（「サイドバー（[N] キー）→ アイテム」または「オブジェクトデータ・プロパティ」）。

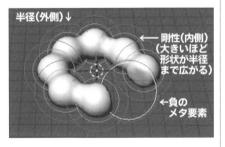

半径（外側）↓

←── 剛性（内側）（大きいほど形状が半径まで広がる）

←負のメタ要素

・「オブジェクトデータプロパティ → ▼アクティブ要素 → 負」で、形状に「負」の影響を与えることができ、画面上では「円」のみの表示になります。

・「メタボール・オブジェクト」は、「統合」できません。

■ 計測ツール

「編集モード」の「オーバーレイ設定」で「頂点」「辺」「面」の「長さ」や「角度」などの表示が設定できます。

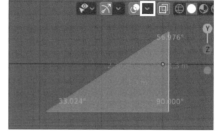

*

「オブジェクト」の「拡大縮小」値が「1.0」以外では正しい測定値になりません。先に「オブジェクト・メニュー → 適用」でリセットしてください。

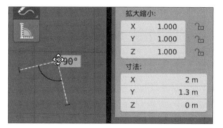

他にも「メジャー」ツール（ツールバー内）や、「オブジェクト・モード」用の「寸法プロパティ」（サイドバー（[N] キー）→ ▼トランスフォーム内）もあります。

■ 「カーブ・オブジェクト」によるモデリング

「カーブ・オブジェクト」は「曲線」で構成されるオブジェクトです。

「Blender」では、主に「ロゴ」や「板」「チューブ」、他のオブジェクトの変形のガイドや、「パス・アニメーション」（本書では割愛）で利用されます。

● 「カーブ・オブジェクト」の種類

「カーブ・オブジェクト」には、「多角形」と「ベジェ」「NURBS」があり[*]、「多角形」と「ベジェ」は「制御点」を通り、「NURBS」は通りません。

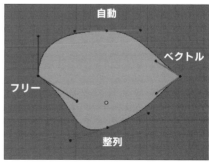

※ 他にも「サーフェス・オブジェクト」もありますが、「Blender」の対応
があまり進んでいないため、本書では割愛します。

「ベジエ」には補間方法が複数あり（右図）、**「右クリックメニュー → ハ
ンドルタイプ設定」** から設定可能です。

「NURBS」は、代わりに「ウェイト」が指定可能です（**「サイドバー（[N]
キー）→ アイテムタブ」**）。

「カーブ・オブジェクト」には、「**2D**」と「**3D**」があり、「ロゴ」や「厚
みのある板」は「**2D**」、それ以外は「**3D**」で作ります。
　この2つは、**「オブジェクトデータプロパティ → ▼シェイプ」** で切り替
えできます。

さらに「カーブ・オブジェクト」は「**ループモード**」があり、**「右クリッ
クメニュー → ループ切替え」** でカーブを開閉できます。

> ・「**2D**」の「ループ・カーブ」では「**フィルモード**」（オブジェクトデータプロ
> パティ → ▼シェイプ内）の設定で面が作成されます。
>
> ・「**3D**」カーブは「**方向**」が、**「制御点」** には「**傾き**」「**半径**」があります。

● 「ロゴ」「厚みのある板」の作成
「閉じた2Dカーブ」を使います。

[1] 「円」カーブを追加し、**「編集モード」** で変形します。

[2] **「オブジェクトデータプロパティ
　　→ ▼シェイプ → 2D」** をクリッ
　　クし、同パネルの「**フィル**」を「**両
　　方**」に設定します。

[3] 同プロパティの「**▼ジオメトリ
　　→ 押し出し**」を増やし厚みをつ
　　けます。

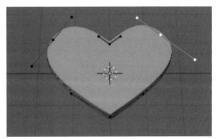

・「▼ジオメトリ → ベベル」で縁取りできます。

・「編集モード」内で既存の閉じたカーブを複製したり、「円」カーブを追加して重ね、「穴」を開けることも可能です（図）。

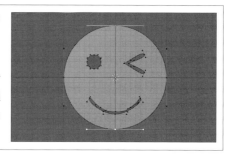

● チューブの作成

カーブ1つでは単なる曲線ですが、断面用のカーブの追加で「チューブ」が作成できます。

[1]「パス用のカーブ・オブジェクト」と、「断面用のカーブ・オブジェクト」（円）を作ります。

[2]「パス用オブジェクト」を選択し、「オブジェクトデータプロパティ → ▼ジオメトリ → ▼ベベル → オブジェクト」に「断面用オブジェクト」を指定します。

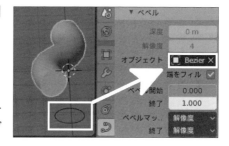

・「パス」の制御点ごとに**半径**（**右クリック・メニュー内**）を設定することで、太さをコントロールできます。

・もう一つコントロール用の「パス」の「カーブ・オブジェクト」を追加し、最初のパスカーブの**「オブジェクトデータプロパティ → ▼ジオメトリ → テーパー・オブジェクト」**に設定することでも太さをコントロール可能です。この場合、コントロール用パスの制御点の「Y座標」が太さとなります。

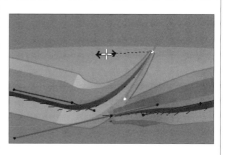

■ インスタンス化ツール

「プロパティ・エディタ」には、「子オブジェクト」を「親メッシュ・オブジェクト」の「頂点」や「面」の位置に複製するツールがあります。

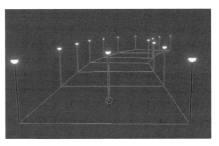

[1] 「子オブジェクト」を「親オブジェクト」に「ペアレント (→ 4-1)」します。

[2] 「親」の「オブジェクトプロパティ → ▼インスタンス化」を設定します。

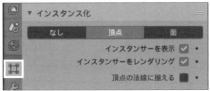

　「インスタンサー」(ここでは「親オブジェクト」) の表示、レンダリング設定も同パネル内で設定可能です。

　逆にインスタンスのオリジナル (ここでの「子オブジェクト」) の表示設定は、「**オブジェクトプロパティ → ▼可視性**」から行なってください。

● インスタンスの実体化

　「**オブジェクト・メニュー → 適用 → インスタンスを実体化**」を使います。

第6章

「質感付け」と「ライティング」

「Blender 2.8」シリーズでは、従来の「Cycles」に加え、新しく「Eevee」レンダーが追加されました。

本章では、各レンダラーでの「質感付け」と「ライティング方法」について解説します。

6.1　２つの「レンダー・エンジン」

最初に、Blender に標準装備されている２つの「レンダー・エンジン」のそれぞれの特徴を見ていきましょう。

■ Eevee レンダー

「Eevee」（イーブイ）は、Blender のデフォルトのレンダー・エンジンで、「応答性」を最優先にしています。

○「GPU」によるリアルタイム処理
○「遅延シェーディング」による、さまざまなエフェクトに対応
○「ライトプローブ」による間接照明
×「シャドウ・キャッチャー」など、「Cycles」にある機能のいくつかが未実装（2.83 時点）

■ Cycles レンダー

一方、「Cycles」（サイクルズ）は、「レイトレース」による、さらに物理的に正確な光の表現が可能です。

○「コースティクス」などの光の挙動をシミュレートした表現が可能
○「GPU」と「CPU」の両方に対応
×「Eevee」に比べ計算時間が長く、ノイズも多いため「画質」に応じた調整が必要

■ レンダーエンジンの選択

エンジンは「プロパティエディタ →
レンダープロパティ」で選択可能です。

詳しい設定は「7-2　レンダリングの
設定」を読んでください。

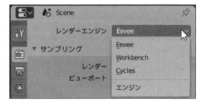

6.2 「マテリアル」と「シェーダー・エディタ」

「マテリアル・データ」は、Blender 内のオブジェクトの「質感」を決めるもので、その設定には「シェーダー・エディタ」を使います。

■「Shading」ワークスペースでの作業

「Shading」ワークスペースは質感付けの作業に特化したレイアウトで、**いちばん上のタブ**から切り替えます。

前述の「シェーダー・エディタ」も含まれており、「3D ビューポート」を見ながら作業できます。

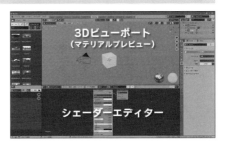

■「マテリアル・データ」ブロックの追加

「オブジェクト」の質感付けをするには、「マテリアル・データ」を追加する必要があります（デフォルトの「立方体」にはすでにあります）。

● 新規追加

「シェーダー・エディタ」のヘッダ、または**「プロパティエディタ → マテリアル・プロパティ」**（後述）の「新規」ボタンで追加できます。

● 複数のマテリアルの作成

1つのオブジェクトには、複数の「マテリアル・データ」を追加できます。

[1]「マテリアル・プロパティ」内にある「マテリアル・スロット」の[＋]ボタンをクリックします。
[2]「新規」ボタンをクリックします。

● 面ごとのマテリアルの割り当て

「メッシュ・オブジェクト」の「面」ごとにマテリアルを設定できます。

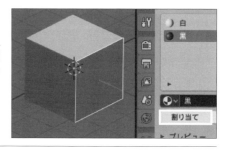

[1] 「編集モード」に入り、対象の面を選択後「マテリアル・スロット」でスロットを指定します。

[2] 「割り当て」ボタンをクリックします。

> ※ もしノードが表示されていなかったり、旧バージョンのファイルを使った場合は、「シェーダー・エディタ」の「ヘッダ」の「ノードを使用」をONにしてください。

■「マテリアル・データ」の共有とコピー

他のオブジェクトの「マテリアル・データ」を現在のオブジェクトでも使うには次のようにします。

[1] 「マテリアル」アイコン（右図）をクリックし、対象を選択します。

[2] このままでも「マテリアル・データ」を「共有」できていますが、独立したものにしたい場合は、名前の横の**「数字」（リンク数）ボタン**、または **「コピー」ボタン**をクリックします。「元の名前.数字」の名前でコピーされ、現在のスロットにリンクされます。

[1] の操作後、以前スロットにあった「マテリアル・データ」のリンクが解除されますが、そのマテリアルがどこにも使われていない場合、「.blendファイル」保存時に消えます。

消したくない場合は、**「切り替え前」**に**「盾」アイコン」**をクリックしてください（→ 3-4 ファイルの管理）。

■「シェーダー・エディタ」の使い方

「シェーダー・エディタ」では、マテリアル・データ内の複数のノードをつなぎ、「質感」を設定していきます。

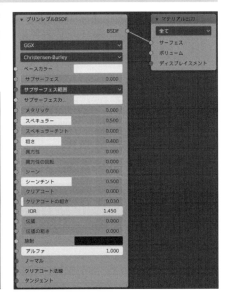

- デフォルトでは、右図の「プリンシプル BSDF」ノードと、最終的な出力先である「マテリアル」ノードが「リンク」して配置されています。
- 基本的には、「プリンシプル BSDF」ノード左側の「ベースカラー」や「ノーマル」ソケットなどにノードを追加していきます。
- ノードは左上の「▼」アイコンで折り畳んだり、サイズが変更できます。

● ノード追加と割り込み、コピー&ペースト

- 「追加」メニュー（[Shift] + [A] キー）で「ノード」を追加できます。
- 追加時、ノード間の「リンク」に新規ノードを移動すると割り込みます（右図）。
- 「右クリックメニュー」や [Ctrl] + [C] キーなどのショートカット・キーで、コピー&ペーストもできます（同じファイル内のみ）。

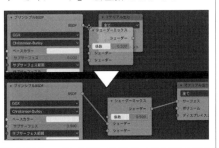

● リンク切断

「ソケット」をドラッグして外すか、「ツールバー」（[T] キーで表示）から「リンクカット」を使用、または [Ctrl] + 右ドラッグ（右クリック選択キーマップ時は左ドラッグ）でリンクをカットします。

● ミュート

・右クリックメニュー → ノードのミュート切替え（[M] キー）

　ノードを一時的に無効にします。複数の設定を試したいときに便利です。

6.3　基本的なマテリアル

■ プリンシプル BSDF シェーダー

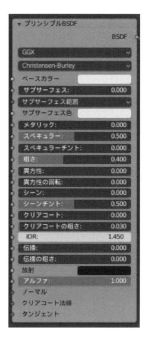

　「シェーダー」とは物体の陰影を表現する機能です。

　デフォルトのマテリアルに配置されているこの「プリンシプル BSDF」は「PBR（物理ベースレンダー）」モデルを採用した汎用のシェーダーで、物理的に、「Renderman」や「Unreal Engine」、「Substance Painter」などの他のアプリケーションとの連携も可能です。

■ 色づけ

　基本的な色づけは**「ベースカラー」**に指定します。後述の「テクスチャ」による模様も、その「入力ソケット」に接続して作成します。

■ 光沢と反射

● マテリアルの設定

　「プリンシプル BSDF シェーダー」の**「粗さ」**を減らすことで、「光沢」と「反射」が強くなります。

　さらに「鏡」のような反射には**「メタリック」**を、車の塗装のような反射は**「クリアコート」**を上げます。

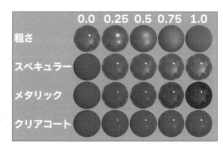

● スクリーン・スペース反射（「Eevee」のみ）

「Eevee」レンダーは、デフォルト
では「ワールド」（→ 6-8）しか反射
しません。

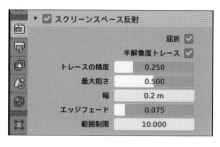

他のオブジェクトも反射させるに
は、「レンダープロパティ → ▼スク
リーン・スペース反射」を ON にし
ます。

・デフォルトでは「半解像度トレース」が ON になっていますが、品質を上げ
　たい場合は **OFF** にします（代わりに速度が低下します）。

・「スペキュラー」と「メタリック」で画面端が反射しないときは「エッジフェー
　ド」を下げてください。

・画面上にない部分は反射面に現われません。
　これは次の「反射平面」や「反射キューブマップ」の利用で補うことができ
　ます。

■ 反射平面（Eevee のみ）

「反射平面」は、「スクリーン・スペース反射」の「画面上にない部分が反
射できない」問題を解決する機能です。

[1]「シェーディングモード」を「レ
　　ンダー・プレビュー」に切り替え、
　　「追加メニュー → ライトプロー
　　ブ → 反射平面」で追加します。

[2]「反射させる平面」を覆う大きな
　　まで「拡大」します。

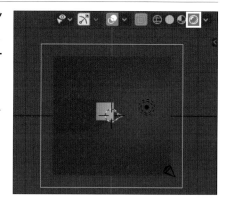

> ・「反射平面」と「反射させる平面」は同じ位置・方向（中央に矢印で表示）にします。
> ・間違えて「負の拡大縮小」にして面を裏向きにしないように注意してください（「オブジェクト・プロパティ」にて確認できます）。

[3]「オブジェクトデータプロパティ → ▼プローブ → 距離」を、「反射させたい平面」を「0.5 m」ぐらい増やします。

[4] このままでは「反射させる平面」が邪魔で映り込みできないため、「反射平面」を、面の向いているほうにほんの少し**「移動」**します。

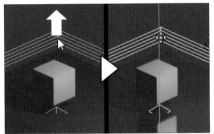

■ 反射キューブマップ（Eeveeのみ）

　反射キューブマップは、上下左右前後の六方向の映像を「キューブマップ」にレンダリング（ベイク）し、鏡面として利用できる機能です。

[1]「追加メニュー → ライトプローブ → 反射キューブマップ」で追加し、反射させたい「鏡面オブジェクト（図では球)」と同じ位置に配置します。

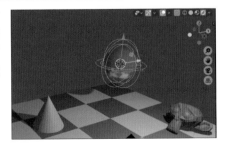

[2] 「オブジェクトデータプロパティ
→ ▼プローブ → 距離」を「鏡
面オブジェクトの表面」が入る
まで上げます（例では不要です）。

[3] 「クリッピング開始」を「鏡面オ
ブジェクト」より大きくします
（たとえばプリミティブの「UV
球」の場合は「1.1m」以上）。

[4] 「レンダープロパティ → ▼間接
照明 → 間接照明をベイク」（ま
たは「キューブマップのみベイ
ク」）をクリックし、実行します。
成功すれば、ボタンの下に、作成
されたデータとその容量が表示
されます。

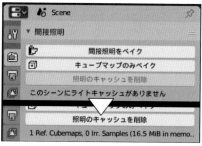

もし「位置」や「設定」などを
変更した場合は、再び「ベイク」する必要があります。

■「映り込み」の対象の設定について

「反射平面」は鏡面の反対側、「反射キューブマップ」は「鏡面球」などの
中心に置かれた仮想のカメラで「反射映像」を作成し使用しています。

しかし単に配置するだけでは「鏡面」が邪魔になります。

そのため、前掲の手順では、「鏡面オブジェクト」を移動したり、無視す
るよう設定しています。

設定は「オブジェクトデータプロパティ → ▼プローブ」パネルで行ない
ます。

● クリッピング設定の使用

前述どおり、「反射キューブマップ」では「クリッピング開始」の使用で、
「鏡面オブジェクト」を無視できます。

　右図は「反射キューブマップ」の「半径」と「クリッピング開始・終了」設定の概念図です。

　この場合、外側（左端）の「三角錐」は映り込みません。

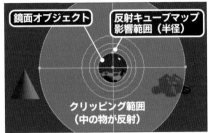

※ 図では「▼ビューポート表示 → クリッピング」でクリッピング範囲を表示しています。

　なお、「反射平面」の**「クリッピングオフセット」**は違う動作をするので、①前述どおり少し移動するか、②次の「コレクションの可視設定」を使います。

● コレクションの可視性設定

　「鏡面オブジェクト」を**「コレクション」**に入れ、「ライトプローブ・オブジェクト」のプロパティに指定すれば、コレクション単位で無視できます。

[1]「アウトライナー」内の「鏡面オブジェクト」が現在属しているコレクション（「Collection」など）上で右クリックし**「新規」**で新規コレクションを追加します。

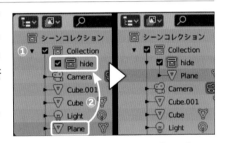

[2]「鏡面オブジェクト」を「ドラッグ＆ドロップ」します。

[3]「反射平面」オブジェクトを選択し、**「オブジェクトデータプロパティ → ▼プローブ → ▼可視性 → コレクションの可視設定」**に、[1]のコレクションを指定します。

[4][⇔]ボタンをONにします。

■ 影響を受ける「鏡面」の範囲設定

　一方、**「▼プローブ」**パネル内の「距離」（反射平面）や「半径」「サイズ」（反射キューブマップ）で、影響を受ける「鏡面」の範囲を指定できます。

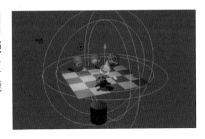

　1つの「反射キューブマップ」を、複数の「鏡面」で共有することもできます。

● ボックスタイプの反射キューブマップ

　「反射キューブマップ」には「ボックス」タイプもあり、範囲設定も立方体になります。「立方体」などの反射オブジェクトにはこちらのほうが適しています。

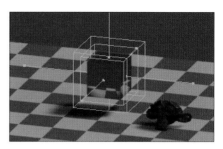

■「反射平面」と「反射キューブマップ」の注意

・シェーディングモードが「レンダー」以外では「ライト」が確認できません。
・**「サブサーフェス・スキャッタリング」**（SSS）と**「ボリューメトリック」**マテリアルは映り込みません（「SSS」は効果が消えるだけでオブジェクトは表示）。
・**「クリアコート」**に鏡像の後ろの「ワールド」が映り込んでしまう時は**「クリアコートの粗さ」**を上げてみてください。
・「反射平面」同士や「反射キューブマップ」同士の相互反射はできません。
・反射像のサイズに問題がある場合**「▼カスタム視差」**をONにし、設定を調整してみてください（設定時は再ベイクが必要）。
・**「スクリーン・スペース反射」**と併用すると、「スクリーン・スペース反射」が優先され、「反射キューブマップ」は補助として使用されます。
　精度は「スクリーン・スペース反射」のほうが上です。

■ 異方性反射（Cycles のみ）

　「異方性反射」とは、「髪の毛」や「金属上の細かい溝」などで見られる特別な反射のことで、光源に対し直交方向にハイライトが現われます。

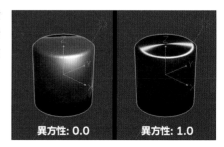

異方性: 0.0　　　異方性: 1.0

・「プリンシプル BSDF」ノードの「異方性」を他の反射とともに使います。

・オブジェクトの「**ローカル Z 軸**」を基準に表示されます。

■ 伝播（屈折）と透過

透過方法は「屈折」を含む「**光の伝播**」（Transmission）と「**アルファ値による透過**」（Transparent）の2つがあります。

ここでは、前者の「**伝播**」について解説します。

伝播（屈折）　アルファ透過

> ※「アルファ透過」については、次の「**6-4 テクスチャ・マッピング**」の「**テクスチャ透過**」で解説します。

● マテリアルの設定

「**プリンシプル BSDF**」シェーダーの「**伝播**」を上げ、「**粗さ**」を下げる、または「**グラス BSDF**」シェーダーを使用します。

両シェーダーとも、「**IOR**」（Index Of Refraction: 屈折率）プロパティがあるので、材質に合わせて調整します。

デフォルトの「1.45」は「ガラス」ですが、「水」なら「1.33」ぐらいに下げます。

「プリンシプル BSDF」の場合「**アルファ**」は「**1.0**」にしてください。

■ 「Eevee レンダー」使用時の屈折の設定

「Eevee レンダー」ではさらに「Eevee レンダー側」と「マテリアル側」にてもう少し設定が必要です。

ここでは「Shading」ワークスペース内にて「屈折するオブジェクト」の背後に、他のオブジェクトを配置した例で解説します。

　　　　　＊

未設定の状態では右図（マテリアル・プレビュー）のように、「ワールド」（→

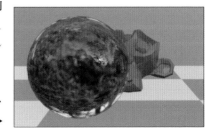

「6-8　ライティング」）だけが表示され、後ろのオブジェクトは見えず、屈折もしていません。

● Eevee レンダー側の設定

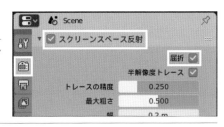

[1]「プロパティ・エディタ」から、「レンダープロパティ → ▼スクリーン・スペース反射」を ON に。
[2]「屈折」を ON にします。

● マテリアル側の設定

[1]「屈折するオブジェクト」が選択されていることを確認します。
[2]「シェーダー・エディタ」の右端の小さな [<] ボタンをクリックし、「サイドバー」を表示します。
[3]「オプション」タブをクリックし、「▼設定 → スクリーン・スペース屈折」を ON にします。奥のオブジェクトが見えれば、OK です（図）。

・マテリアルの「▼設定 → 屈折の深度」で厚い材質での屈折が表現できます。
・屈折の縞模様は「レンダープロパティ → ▼スクリーン・スペース反射 → トレースの精度」を上げると消えます。

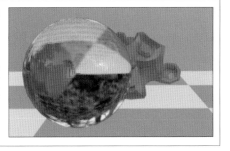

● Eevee レンダー（2.82 時点）での制限事項

・「Cycles」での結果と「Eevee」での結果が同じにはなりません。

- 屈折するオブジェクトを2つ以上並べると、後ろ側が無視されます。つまり、「コップに入った水」や、「コップが前後重なった状態」は正しく表現できません。
- 影は半透明になりません。

■ サブサーフェス・スキャッタリング

「サブサーフェス・スキャッタリング」（以下「SSS」）とは、光が物質の内部に入り込み、散乱する現象です。

たとえば、「ろうそく」や「大理石」「生物の皮膚」などに見られます。

● マテリアルの設定
「SSS」は、「プリンシプルBSDF」と「SSS」シェーダーノードで対応していますが、ここでは「プリンシプルBSDF」での設定のみ解説します。

・サブサーフェス
効果の量を設定します。

他のパラメータと違い、比較的低い値で動作するので、徐々に上げていくといいでしょう。

・サブサーフェス色
「内部散乱」による色を設定します。

たとえば、「皮膚」だと「薄い赤」、「ミルク」などでは「少し黄色い白」などを設定しておけばいいでしょう。

・サブサーフェス範囲
内部で散乱する光の距離です。上記の「皮膚」の例では赤が長く散乱するので、赤の値を大きくします。

デフォルトが「1.0」「0.2」「0.1」となっているのは、おそらく「皮膚」での利用を想定したものと思われます。

一方、「ミルク」などでは全部「1.0」にするといいでしょう。

● **Eevee レンダーでの設定**

「レンダープロパティ → ▼ SSS」
に品質に関する設定があります。

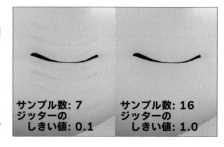

サンプル数: 7
ジッターの
　しきい値: 0.1

サンプル数: 16
ジッターの
　しきい値: 1.0

　図のように、一部がブレて表示さ
れるような場合は、「サンプル数」と
「ジッターのしきい値」を充分に上げ
てください。

　　　　※ ただしレンダリング時間は増えます。

　また、「マテリアルプロパティ →
▼ 設定」の「サブサーフェスの透光」
を ON にすると、光が透過するよう
になります。たとえば、耳が光で透
けて見えるような効果が得られます。

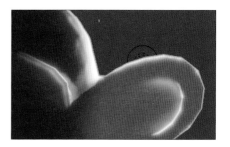

■ シーン（Sheen）

　シーンは、ベルベット（電車のシー
トなど）状の、こちらを向く側が暗く、
周囲が明るくなる材質を表現します。

　「プリンシプル BSDF」ノードの
「シーン」値を上げます。
　「ベースカラー」は暗めのほうが効
果が分かりやすいです。
　「シーンチント」も上げたほうがリアルになります。

シーン値: 0.0

シーン値: 1.0

6.4 テクスチャ・マッピング

現実の物体には「模様」や「凹凸」があり、リアルな表現には避けては通れません。そのための機能が「テクスチャ・マッピング」です。

■ テクスチャの種類

テクスチャには「画像」と「プロシージャル」の2つのタイプがあります。

*

「**画像テクスチャ**」は「jpg」や「png」などの「画像ファイル」を使用します。画像の用意が必要ですが柔軟です。

画像テクスチャ使用　　プロシージャル
テクスチャ使用

「**プロシージャル・テクスチャ**」は、数式で自動生成されたテクスチャです。制御が難しいですが、仕組みが判れば準備なしで手軽に利用できます。
平面ではなく「3D テクスチャ」を生成するものもあります。

■ 模様の表現

● ノード設定

「プリンシプル BSDF」ノードの「ベースカラー」などの、「RGB ソケット」（黄色）につなげます。

アルファ情報がある場合は、「アルファソケット」（灰色）につなげます。

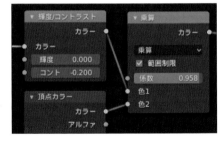

● 色の合成と調整

色は「追加メニュー → カラー」カテゴリのノードで調整します。

特に「RGB ミックス」を使うことで、2つの「カラー」を合成できます（図）。

「コンバーター」カテゴリにも「RGB」各成分の「分解」や「合成」を行なうノードがあります。

■ 凹凸の表現

画像の「輝度」や「RGB」から「法線情報」を生成し、凹凸を擬似的に表現します。そのため横から見ても凹凸は見えないことに注意してください。

● バンプマッピング

「バンプ」ノードは画像の「輝度」や、「数値の大きさ」を「高さ」として取り、面上の「法線ベクトル」を操作して擬似的に凹凸に見せています。

※ あまり深い凹凸は表現できません。

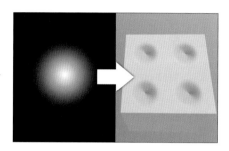

[1] テクスチャ・ノードの「係数」などのソケットを、**「バンプ」ノードの「高さソケット」**につなげます。

[2] 「バンプ」ノードの**「ノーマルソケット」**を「プリンシプルBSDF」ノードなどの**「ノーマルソケット」**につなげます。

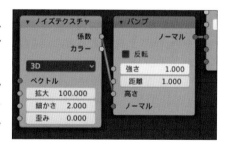

[3] **「強さ」**で「効果の強さ」、**「距離」**で「コントラスト」を調整します。

● ノーマルマッピングのノード設定

ノーマルマップは法線ベクトルの「XYZ」を「RGB」で表現した物で、より立体的な凹凸の表現が可能です。

「ノーマルマップ」ノードと「画像テクスチャ」ノードを「カラーソケット」でつなぐ以外は「バンプ」とほぼ同じですが、**「画像テクスチャ」ノードの「色空間」を「Non Color」**にし

ないとうまく動作しないことがあります。

また、使用する「ノーマルマップ」によっては、**「ノーマルマップ」ノー**ドの**「空間（スペース）」**を変更しないといけないかもしれません。

■ テクスチャのアルファ透過

「PNG」フォーマットなどの画像の「アルファチャンネル」を利用し、画像の一部または全体を透過できます。

ここでは右図の「木の葉」のように、アルファ値で形状の一部をくりぬいた画像を使う例を解説します。

● シェーダーの設定

[1] アルファ値を持った「画像ファイル」を「シェーダー・エディタ」に「ドラッグ&ドロップ」するか、**「画像テクスチャ」**ノードを追加し、ファイルを指定します。

[2] **「画像テクスチャ」**ノードの「カラー出力」を「プリンシプル BSDF」ノードの「カラー入力」に、同様に「アルファ出力」を「プリンシプル BSDF」ノードの「アルファ入力」にリンクします。

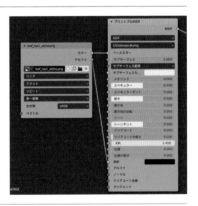

● 「Eevee レンダー」での設定

「Eevee レンダー」では、次の設定も必要です。

[1]「マテリアル・プロパティ」または**「シェーダー・エディタ」**の「サイドバー」の「オプションタブ」で、「▼設定」の「ブレンド・モード」と「影のモード」を「アルファクリップ」に設定します。

● 「Eevee レンダー」での全体的に半透明なテクスチャの利用

「セロファン」のような「全体的に透過する」テクスチャを「Eevee」で
使うには、「ブレンド・モード」を「ア
ルファブレンド」または「アルファ
ハッシュ」にする必要があります。

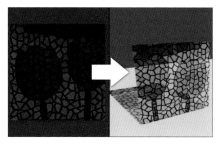

同様に、「影のモード」は「アルファ
ハッシュ」にし、影が半透明に表示
されるようにします。

■ テクスチャ座標と操作

「テクスチャ座標」は、テクスチャを投影するのに必要な情報の１つです。

「テクスチャ」ノードの種類によってデフォルトの座標タイプが違い、た
とえば「画像テクスチャ」では「UV」ですが、「プロシージャル・テクスチャ」
は「生成」を使います。
「テクスチャ情報」ノード（追加メニュー → 入力）で他も使用可能です。

● UV 座標

面に割り当てられた「U」（横座標）と「V」（縦座標）を使います（→
6-5）。

● 生成

オブジェクトの「テクスチャ空間」
（右図。「オブジェクトプロパティ →
▼表示」にて表示可能）を使用します。

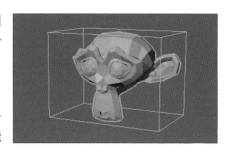

テクスチャ空間は「オブジェクト
を囲む最小の箱」として自動生成さ
れ、「オブジェクトメニュー → トラ
ンスフォーム」で簡単な編集も可能
です。

- ・「画像テクスチャ」ノードで「フラット」以外の投影方法が利用できます（例：比率「2:1」画像の「球メッシュ」への「球」タイプでの貼付け。

●「マッピング」ノードによる操作

「マッピング」ノード（追加メニュー →ベクトル）でテクスチャの「移動・回転・拡大縮小」ができます。

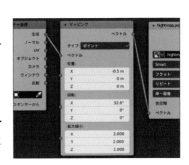

ただし、前述の**「テクスチャ座標」ノード**を左に入れ、テクスチャ座標を明示的に指定する必要があります（右図）。

「タイプ」は**「ポイント」**のままで OK です。

- ・「拡大縮小」は大きな数値で模様が細かく、「0 <数値< 1.0」で粗くなります。「0.0」でその軸を無視した結果になります（タイプがポイント時）。
- ・軸は「ローカル空間」（オブジェクトの方向基準）です。

■ 主要な「プロシージャル・テクスチャ」

● ノイズ・テクスチャ

「汚れ」や「凹凸」「雲」など、さまざまな用途で利用できる便利なノードです。

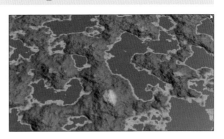

● ボロノイ・テクスチャ

は虫類の「うろこ」や、食品などの「凹凸」に使われます。

こちらも「カラーランプ」ノードなどで、「穴」や「ドット」を作ることができます。

● **波テクスチャ**

直線や、同心円状の波を作成します。

ランダムに「歪み」を付加することもでき、年輪なども表現可能です。

「RGB ミックス」ノードで重ね合わせ、図のような表現も可能です。

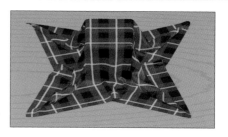

■「カラーランプ」ノードによる操作

「カラーランプ」ノードは、入力の「値」を対応する「色」に変換します。

「カラーストップ」と呼ばれる「ポイント」に色を設定し、それを左右に動かすことで、出力の「コントラスト」や「明るさ」がコントロールできます。

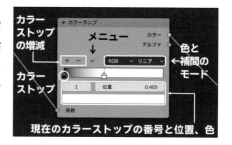

6.5 UV 展開

「UV 展開」とは、モデルの形状データから各「面」に対応する「テクスチャ画像上の座標（0 〜 1）」を記録したデータ（UV マップ）を作ることです。

手間が必要ですが、画像を柔軟かつ細かくマッピングできるため、広く使用されており、特にゲーム用のアセットには必須です。

■ UV マップの作成

「UV マップ」を作るには「メッシュ・オブジェクト」を「UV 展開」します。

追加メニューにある「プリミティブメッシュ」は、あらかじめ「UV マップ」が作られていますが、自作のモデルでは新たに作る必要があります。

● UV 展開前の注意

・できればモデリング完了後に行なってください。

特に UV 展開後に面を追加すると、その部分の UV 展開を再度行なう必要が
でき、UV マップ上に空きがない場合、他を小さくするなどで場所を確保する
必要が出てきます。

・オブジェクトを非均一に拡大縮小（平たくしているなど）を行なっていた場合、
あらかじめ**「オブジェクトメニュー → 適用 → 拡大縮小」**で現在の状態を
「メッシュデータ」に反映させてください。
そうしないと「拡大縮小」前の形状で UV が作成されてしまいます。

● UV 展開のワークフロー

[1] 対象の「メッシュ・オブジェクト」
を選択し、「ワークスペース」タ
ブを「UV Editing」に切り替え
ます。

[2] 「編集モード」に入っているので
UV を展開する面を選択します。

[3] 「UV メニュー」（[U] キー）から
展開方法を選択します。

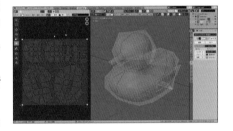

● UV 展開の戦略

目立つ部分やアップになる部分（顔
など）に領域を多く割き、「解像度」
を増やしつつ投影面に対する「歪み」
を減らすように展開するのが基本的
な戦略です。

プリミティブの「UV マップ」が
手本になると思います（図は「モン
キー」）。

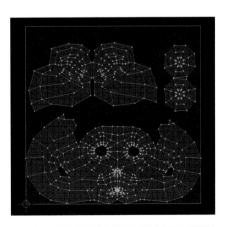

※ UV は重なってもかまいませんが、その部分に対応する複数の面に同じ
画像が貼られることになります。

■ UV 展開方法の選択

「UV メニュー」には複数の展開方法があり、作業に応じて選択します。

● 一括で UV を自動展開する方法

「スマート UV 展開」は、2 つの面の角度が「角度制限」内のものを連続しているパーツとして展開・梱包します。

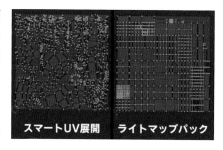

「ライトマップ・パック」はすべての面をバラバラにして、展開・梱包します。

スマートUV展開　ライトマップパック

*

この 2 つは「テクスチャ・ペイント」や「ベイク」など用にすばやく自動展開したいときに便利です。

ただし、そのままで利用すると面と面の間に「継ぎ目」が出来たり、色がにじむことがあります。

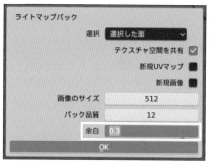

解決するには、実行前のダイアログの「**余白**」および「**アイランドの余白**」プロパティを「**0.3**」ぐらいに設定してください。

特に、他の「ゲーム・エンジン」などで使う場合に余白は必須です。

● 半自動で展開を進めていく方法

「展開」は、辺に「シーム」による展開部分の「境界」の指定と、UV の「展開」の再実行を繰り返しながら作業を進めていく方法です。

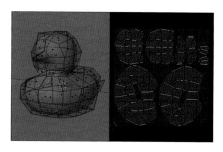

先の 2 つの方法と比べ、こちらの意図した「UV マップ」を得ることができます。

[1] 「3Dビューポート」の「編集モード」で「辺」を選択し「UVメニュー」（[U]キー）の「シームをマーク」で展開部分の「境界」を指定します。

[2] 「3Dビューポート」の「UVメニュー → 展開」を実行します。

[3] 「UVエディタ」内で展開したくない「UV頂点」があれば選択し、「UVメニュー → ピン止め」（[P]キー）を実行します（注：このモード専用）。

[4] 上記手順を繰り返します。

・「未選択の面」は展開されません。展開時、これらはないものとして処理されるため注意が必要です。

・展開結果は「スマートUV展開」などのように「最後の操作を調整」パネルで「余白」などを調整可能です。

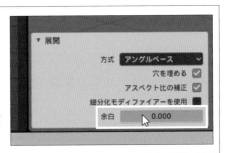

● 形状に合わせた投影方法

　「円筒状投影」と「球状投影」はビューに対し手前側の軸を「UV」の中央にして、上方向の軸を中心に回る感じで展開します（図は円筒状投影）。

　「キューブ投影」は各軸の6つの視点で重ねて展開されます。後で「UVメニュー → アイランドを梱包」などで再配置する必要があります。

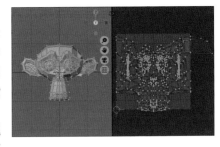

● ビュー表示のまま UV 展開

　「UVメニュー → ビューから投影」を使用することで、画面表示そのままの形でUVを展開します。

　「ビューから投影（バウンド）」はUV領域全体に引き延ばされます。

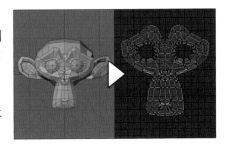

■ UV エディタでの UV の編集

UV展開の結果、「UV領域」(UVエディタ内のグリッド)からはみ出るなど、UV を修正したいときは「UV エディタ」で編集できます。

● トランスフォーム・ツールについて

編集ツールは 3D ビューポートのメッシュ編集モードとほぼ同じですが、一部の「トランスフォームギズモ」の形状が 2D 用になっています (図)。

● UV 同期選択

「3D ビューポート」の選択と「UVエディタ」の選択を同期します。

デフォルトでは「3D ビューポート」で選択した面のみ「UV エディタ」に表示されるため、全 UV を常に表示したい場合にも便利です。

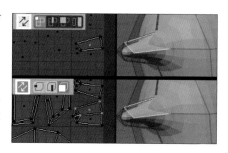

● アイランドモード

UV には「頂点」「辺」「面」選択モードに加え、「アイランド」があります。これは複数の面の集合で、関連部分を一度に選択・編集できて、便利です。

なお、前述の「同期モード」では利用できません。

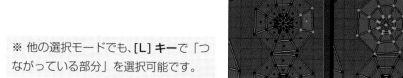

※ 他の選択モードでも、[L] キーで「つながっている部分」を選択可能です。

● 吸着選択モード

UV の各頂点は面ごとに独立していますが、メッシュ形状ではつながる面の間の頂点は共有されています。

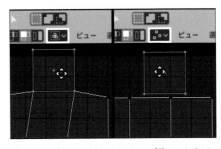

デフォルトではこれらをメッシュの挙動同様に同じものとして選択しますが、図のアイコンをクリックすることで、別々のものとして扱えるようになります。

● アイランド間に余白を空ける

「ピボットメニュー → それぞれの原点」にし、「拡大縮小」ツールを使うことで、UV 編集後も各アイランド間に余白を空けることができます。

● 画像を表示しながらの UV 編集

図のヘッダのボタンで画像を指定することで、画像を表示しながら「UV 編集」ができます。

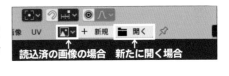

ただし、「マテリアル」へは自分で設定する必要があります。

■「UV」を元にした「テクスチャ」の作成

UV 展開後の「テクスチャ画像」の作成には次の方法があります。

・Blender には 3D ビューポートで直接ペイント可能な、「テクスチャ・ペイント」モードがあります。次の「6-6 ペイント・モード」をご覧ください。

・外部ペイントツールでマップを作成する場合は、「UV エディタ」から「UV メニュー → UV 配置をエクスポート」で「PNG」ファイルとして「UV マップ」をテンプレートとしてエクスポートできます。

6.6　ペイント・モード

Blender には 3D ビューポート上で直接モデルにペイントできるモードに、「テクスチャ・ペイント」と「頂点ペイント」の二種類があります。

■ テクスチャ・ペイント

「テクスチャ・ペイント」は、その名の通り、モデルの「テクスチャ画像」にペイントできる機能です。

「UV 展開」などの準備は必要ですが、その代わり柔軟な表現が可能です。

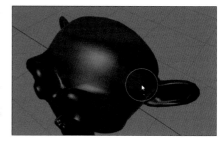

● ペイントの準備

[1] ペイントしたい「メッシュ・オブジェクト」を選択します。

[2] 「ヘッダ」のタブを「Texture Paint」に切り替えます。

[3] 左側の「画像エディタ」に「UV」が展開されているかどうか確認し、なければ「UV 展開」します(→「6-5　UV 展開」)。ペイント時の「にじみ」を防ぐため、UV 展開時にある程度「余白」を追加しておいてください。

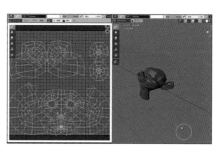

[4] 右端の「プロパティ・エディタ」のいちばん上の「ツール・プロパティ」が選択されているはずです。「▼テクスチャスロット」の図の [＋] ボタンをクリックし「ベースカラー」など用途を選択します。

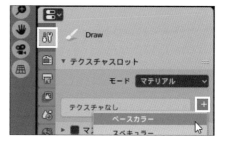

[5] 図のような画像の設定パネルが表示されますので設定後、「OK」を押して新規作成します。

スロットには作った画像が追加され、「メッシュ・オブジェクト」にテクスチャが黒塗りで（図の設定の場合）表示されているはずです。

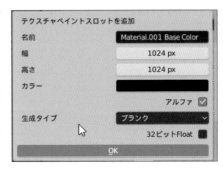

[6] 左側の「画像エディタ」にペイントする画像が表示されていなければ、ヘッダの図のボタンから画像を選択しておきます。

● ペイント中の操作

- 「左クリック」で「ペイント」。
- 「右クリック」で「設定用パネル」（図）を開きます（右クリック選択キーマップの場合は [W] キー）。
- [Shift] + 左ドラッグで「セカンダリカラー」を使用可能です。
- [F] キーでも「ペンの太さ」が素早く変更できます。
- 3D ビューポート上部の「ツールの設定バー」や、「プロパティ・エディタ」でも設定可能です。「セカンダリカラー」はこれらから設定できます。

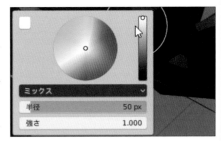

● カラー・パレット

「ツールプロパティ → ▼カラー・パレット」から「カラー・パレット」を新規作成することで、現在の色の保存や復元が可能です。

● ブラシタイプ切り替えと「クローン・ブラシ」

「ツールバー」から他のブラシタイプに変更できます。

大半のブラシは見れば分かると思いますので、ここでは「クローン・ブラシ」と「マスク」のみ解説します。

[1] [Ctrl] ＋ 左クリックすると、「3D カーソル」が配置されます。

[2] 「左ドラッグ」で、3D カーソル周辺をコピーしてペイントできます。

● マスクブラシ

「マスクブラシ」でブラシの影響範囲を設定できます。

[1] 「ツールプロパティ → ▼マスク」を ON に、「ステンシル画像」の「新規」で新規画像を追加します。

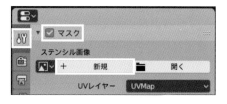

[2] 「ツールバー」で「マスク」ツールを選択し、マスク部分を塗ります。

マスクの消去は [Shift] ＋ 左ドラッグで行ないます。

[3] 以降は [1] の「▼マスク」が ON で、その部分のみ暗くマスクされます。
マスク画像を保存したい時は画像エディタで選択・保存します。

● テクスチャブラシ

好きな画像を「ブラシ」として使用できます。

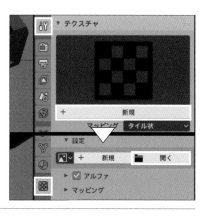

[1] 3D ビューポートの「ツールの設定バー」の「テクスチャ」、または「ツールプロパティ → ▼テクスチャ → 新規」をクリックします。

[2] 「テクスチャプロパティ → ▼設定」にて画像を指定します。

● **「画像エディタ」でのペイント**

「画像エディタ」でもペイント可能
です。

「UV」は対応する面が3Dビュー
ポートで選択中でないと表示されな
いことに注意してください。

● **ペイント画像の保存**

ペイントした画像は自動的には保存されません。**「画像エディタ → 画像
メニュー → 保存」**で保存してください。

保存が必要な場合、**「画像メニュー」**
の横に**「*」マーク**が付きます（図）。

● **マテリアルの設定について**

「テクスチャスロット」への新規画像追加時、使用マテリアル（未使用時
は新規マテリアル）に自動で**「画像テクスチャ」ノード**が追加されます。

たとえば「ベースカラー」で作れば「プリンシプルBSDF」ノードの「ベー
スカラー」に、「バンプ」の場合は「バンプ」ノードとともに「ノーマル」
ソケットに接続されます。

> ※ ペイント中、ノードでテクスチャ画像を拡大縮小しても反映されません。
> ※「バンプ」ペイント時、3Dビューポートを「マテリアル・プレビュー」
> 「レンダー」にすると、バンプマッピングの効果を見ながらペイントでき
> ます。

● **ペイント中、面の間に継ぎ目が出る場合**

次を試してみてください。

> ・「画像エディタ」で境界を塗る
> ・**「ツールの設定バー → オプション → にじみ」**を増やす
> 「UVアイランド」間に充分な余白がないと、他の部分のペイント時に影響を
> 受けることがあります（→「6-5 UV展開」）。

■ 頂点ペイント

一方、「頂点ペイント」は頂点ごとに色づけするモードです。自由度がモデルの頂点数に左右されますが、準備が不要で、複雑な「スカルプトモデル」の着色にも便利です。「2章 チュートリアル」も参照してください。

● 頂点へのペイント方法

「メッシュ・オブジェクト」を選択し、「頂点ペイント・モード」にすれば、「頂点カラー」データがオブジェクトに追加され、編集可能になります。

● ペイントマスク

「3D ビューポート」の図のアイコ
ンで、選択中の「面」や「頂点」のみ

ペイント可能になります（デフォルトは全選択状態）。

選択・選択解除は [Shift] ＋左クリックを使用します（右クリック選択キーマップでは右クリックのみ）。「ツールバー」の「選択」ツールや、「編集モード」（[Tab] キー）への出入りで選択することもできます。

通常、各頂点の色は周囲の頂点の色とブレンドされるため、境界で分けて塗りたいときは、この機能が必須になります。

● 色の塗りつぶし

「ペイントメニュー → 頂点カラーを設定」（[Shift] ＋ [K] キー）を実行すれば現在の色で塗りつぶされます。

● ダーティ頂点カラー

凹んでいる部分の頂点に「汚し」
を入れることができます。

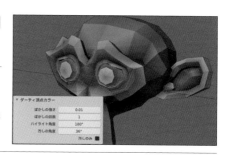

[1]「ペイントメニュー → ダーティ
頂点カラー」を実行します。
[2]「最後の操作を調整」パネル上で
調整します。

● マテリアルでの利用方法

「頂点ペイント」の場合は手動で設定を追加する必要があります。

「シェーダー・エディタ」で「追加メニュー → 入力 → 頂点カラー」ノードを追加し「プリンシプルBSDF」ノードの「ベースカラー」につなぎます。

> ※「カラー」ソケットとの間で「テクスチャ」ノードと「RGB ミックス」（乗算など）を使用すると、テクスチャを適用したモデル上に簡単に汚し効果などが追加できます。

6.7 特殊なマテリアル

■ コースティクス

コースティクス（集光模様）とは、光が集まって出来た模様のことです。

図のように光が透過・屈折してできた物を「透過コースティクス」、反射してできたものを「反射コースティクス」と呼びます。

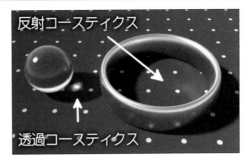

● Cycles レンダーでの設定

Cycles レンダーではコースティクスは自然発生しますが、デフォルトの「光沢フィルター」（レンダープロパティ → ▼ライトパス → ▼コースティクス）により、コースティクスは弱めに出ます。

このフィルターの値を減らせば、コースティクスが強くなりますが、代わりにノイズが増えます。

また、「ワールド」による環境照明だけでは光量が足りないことが多く、

ライトを追加するほうが、より明確な「コースティクス」が生成されます。

● 「Eevee レンダー」での設定と制約

「Eevee レンダー」では、「コースティクス」は発生しません。

「画像テクスチャ」や「ライト＋透過テクスチャ」（→ 2-3）で代用する必要があります。

■ ボリューム・マテリアル

「ボリューム・シェーダー」ノードを「マテリアル」ノードに「ボリューム」ソケットでつなぐことで、「霧」や「湯気」「煙」などの表現が可能になります。

● 「フォグ」と「ボリュームライト」の作成

「霧」や「ボリュームライト」を作ります。

[1] 「立方体」を追加し、シーンを覆うよう「拡大」します。
[2] 「Shading」タブに切替え、デフォルトの「プリンシプル BSDF」ノードを「削除」します。
[3] 「追加メニュー → シェーダー → プリンシプル・ボリューム」を追加し、「マテリアル出力」ノードの「ボリューム」とつなぎます。

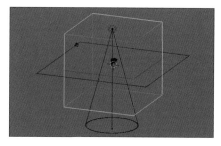

[4] 「プリンシプル・ボリューム」ノードの「**密度**」で濃さを変更します。

・「密度」は低め（「0.05」程度）で作ってみてください。

・「Cycles」レンダーでは、密度が一定でも問題なければ **「マテリアルプロパティ → ▼ボリューム → 均質」** を ON にすることで速度が向上します。

> ・「ワールド」の「ボリューム」ソケットに「ボリューム・シェーダー」を使っても作れますが、「Cycles」では「サン・ランプ」が使えず、「サーフェス」ソケットへの入力も無視されることに注意してください。
>
> ・「Blender 2.83」以降の「ボリューム・オブジェクト」は別物です。

● 雲の作成

　「ノイズテクスチャ」（3Dテクスチャ）を使って雲を作ってみます。

[1] 「シェーダー・エディタ」内の「プリンシプルBSDF」ノードを「削除」後、「追加メニュー → シェーダー」から「プリンシプル・ボリューム」ノードを追加し、「マテリアル」ノードとつなぎます。

[2] 「追加メニュー → テクスチャ」から「ノイズテクスチャ」ノードを、「追加メニュー → コンバーター」から「カラーランプ」ノードを追加し、下図のように接続します。

[3] 「ノイズテクスチャ」と、「カラーランプ」を調整します。

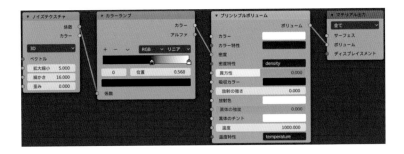

> ・「Eevee」では、影を落とさず（影を受けることのみ可）、厚い雲はできません（右図）。
> また、反射にも映り込みません（「2.82」時点）。
>
> ・「Cycles」では「メッシュ・オブジェクト」の形状を反映可能です。

● **ボリュームの品質設定**

「レンダー・プロパティ」で品質が設定できます。

・「Eevee」では「▼ボリューメトリック」の「タイルのサイズ」を小さくする
ときれいになりますが、遅くなります。

・「▼ボリューメトリック・シャドウ」で、ある程度陰影は付加可能です。

・「Cycles」では「▼ボリューム」の「ステップサイズ」(「2.83」では「ステッ
プレート」) を小さくするときれいになりますが、遅くなります。

6.8 ライティング

きれいな 3D-CG も「光」がないと始まりません。
頑張って作ったモデルも、照明によって見栄えも変わります。

※ 3D ビューポートで「シェーディング・モード」を「マテリアル・プレ
ビュー」にして利用しているときは、ライト設定前に「レンダー・プレビュー」
に切り替えてください。
(または「3D ビューのシェーディング設定」で「シーンのライト」を ON
にします)。

■ ワールドによる環境照明

「ワールド」は、背景を表現するデータブロックで、3D 空間を取り囲む
球体です。単なる背景だけでなく、周囲からの光の発生源としても働き
ます。

● **HDR 画像による設定**

デフォルトでは、単色で一様に照らすだけですが、「HDR 画像」を背景
に設定することで、リアルな照明が手軽に利用できます。

[1] 「シェーダー・エディタ」のヘッダで「ワールド」を選択します。
　もしノードがない場合は、「ノードを使用」をONにします。
[2] 「追加メニュー → テクスチャ」から「環境テクスチャ」を追加します。
[3] ノード内の「フォルダーボタン」を押し、「HDR画像」を指定します。
[4] 3Dビューポートを「透視投影」に切り替えます。

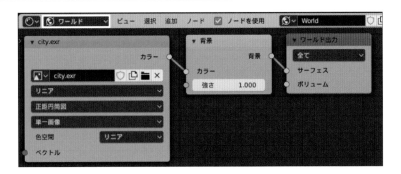

　Blenderの「インストールパス」内の「(バージョン名) → datafiles → studiolights → world」に、フリー(CC0)の「HDR画像」がいくつか入っていますので、それで試してみるのもいいでしょう。

● 環境テクスチャの方向を調整したい

　環境テクスチャも「マッピング」ノードで方向などを調整できます。

[1] 「シェーダー・エディタ」で、先に設定した「環境テクスチャ」ノードの左に「追加メニュー → 入力 → テクスチャ座標」を追加します。
[2] 同ノードの「生成」ソケットと、「環境テクスチャ」ノードの「ベクトル」ソケットをつなぎます。
[3] 「追加メニュー → ベクトル → マッピング」を追加し、[2]でつないだリンク上に移動して割り込ませます。
[4] 「マッピング」ノードの「回転」の「Z」を増減します（図）。

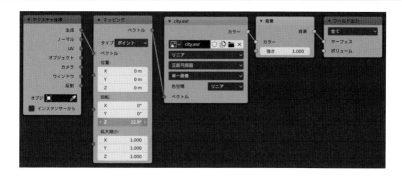

※「Eevee レンダー」では環境照明は影を作りません。
同じシーン内に室内と室外があっても、どちらも同じように照らされます。
室内と室外が混在する場合は、後述の「間接照明（イラディアンス・ボリューム）」を使ってください。

■ ライトによる直接照明

「ライト」オブジェクトは光を放ち、他のオブジェクトを直接照らします。

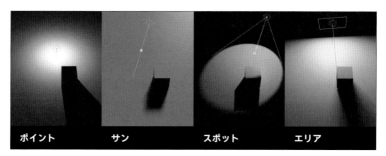

| ポイント | サン | スポット | エリア |

● ポイント

いわゆる「点光源」で、大きさのない点から光を発します。
「光の強さ」は距離に応じて減衰します。

「位置」 のみ影響し、方向はありません。「ロウソク」や「電球の光」を表現するのに適しています。

「Eevee」では、**「カスタム距離」** を使うことで、照明の範囲を制限できます。「Cycles」ではノードを使います（後述）。

● サン

「平行光源」とも呼ばれ、光の強さは距離にかかわらず一定で、「方向」のみ影響します。多くのものを照らすことができ、さまざまな用途に利用されます。

「**▼ライト → 角度**」は「**太陽の大きさ**」（**角直径**）を表わしており、デフォルトで地球上での現実の太陽の大きさが設定されています。
ライト自体の角度は「**3D ビューポート**」で設定してください。
また、デフォルトの「**強さ**」が大きすぎるので注意してください。

● スポット

「**円錐**」内の物を照らします。「**角度**」と「**大きさ**」、「**距離**」があります。
「**ボリューム・ライト**」（円錐中のチリが見える現象）については「**6-7**」の「**ボリューム・マテリアル**」を参考にしてください。

● エリアライト

「**大きさ**」と「**方向**」のある光源です。窓から入射する明るい光、蛍光灯など、多数の光源をリアルに再現できます。
大きさがあるため、影の端が大きくボヤけるのも特徴の1つです。

● メッシュライト

「**プリンシプル BSDF**」の「**放射**」で「**面光源**」として利用できます。

「2.82」時点の「Eevee」では、後述の「イラディアンス・ボリューム」の計算にのみ影響し、他のオブジェクトは照らしません（右図はCycles）。
「Cycles」レンダーでも「最大バウンス数」や「影の生成」などの設定が利用できないという欠点があります。

● ブルーム（Eevee のみ）

厳密には特殊効果の一種ですが、「**レンダープロパティ → ▼ブルーム**」をON にすると、明るいピクセルが輝くようになります。

「しきい値」で影響を受けるピクセルの範囲の調整や、「ニー」や「半径」、「カラー」で変化をつけることもできます。

■「ノード」によるライト設定（Cycles のみ）

「Blender 2.82」時点では、「Eevee」レンダーでのライトは基本的な機能に留まっていますが、「Cycles」レンダーでは「ノード」に対応しており、「シェーダー・エディタ」でさまざまな設定が可能です。

● ライトによるテクスチャ投影

「ポイント」や「スポット」で、「投影機」の効果が得られます。

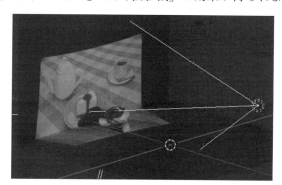

[1]「テクスチャ座標」ノードで「ノーマル」ソケットからライトの方向を取得します。

[2]「マッピング」ノードで「位置」と「拡大縮小」を調節します。

[3]「画像テクスチャ」ノードで投影する画像を取得し、繰り返し処理を「クリップ」に設定して画像の範囲を制限します。

また「オブジェクトデータプロパティ → ▼ライト → サイズ」を「0」にすると画像が鮮明になります。

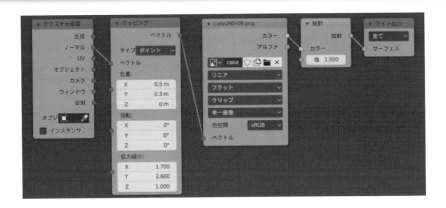

● **ポイントライトの距離の制限**

「ポイントライト」の光を一定距離に制限してみます。

「**ライトパス**」ノードで情報を取得し、「**レイの長さ**」が設定値より「**小さい**」(**数式ノード**)と「**1.0**」が出力されます(違えば「0.0」)。それを「**乗算**」(**数式ノード**)の「値」と乗算後「**放射**」ノードに出力します。

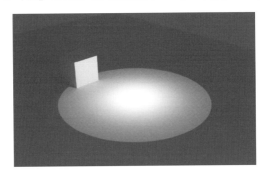

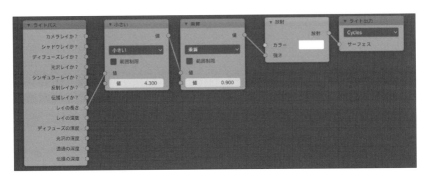

■「イラディアンス・ボリューム」による間接照明（Eeveeのみ）

「イラディアンス・ボリューム」（Irradiance Volume）とは、光の「放射照度」（イラディアンス）の「集合」（ボリューム）で、光の強さを一定の間隔で立体的に記録しておき、「間接照明」として使うための機能です。

「Cycles」では、デフォルトで間接照明が行なわれ、室内のような複雑なシーンの照明も比較的簡単に作成できます（その代わり速度は遅いです）が、「Eevee」ではこの機能で、あらかじめ計算する必要があります。

[1]「レンダープロパティ → ▼アンビエント・オクルージョン（AO）」をONに、「ベント法線」「バウンスを近似」オプションを共にONにします。

[2]「追加メニュー → ライトプローブ → イラディアンス・ボリューム」で追加します。

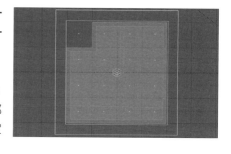

[3] 間接照明対象の場所を囲むように移動・拡大縮小します。内部の「ドット」（サンプル点）は室内に入るようにしてください。

[4]「レンダープロパティ → ▼間接照明」の「間接照明をベイク」をクリックします。光の反射情報が蓄積され、利用可能となります。

● **設定と作業の進め方**

　設定は全体的な「レンダープロパティ → ▼間接照明」（以下▼間接照明）と「イラディアンスボリューム・オブジェクト」ごとの「オブジェクトデータプロパティ → ▼プローブ」（以下「▼プローブ」）の両方で行ないます。

- 基本的に1つの「イラディアンス・ボリューム」の「解像度」はデフォルトの「4×4×4」以下が推奨されています。複数の部屋では複数置いてください。

- 各「イラディアンス・ボリューム」間の継ぎ目では「**▼プローブ**」の「**距離**」と「**減衰**」を調整し、うまくオーバーラップさせてみてください。

- 複雑な部屋で、光の反射が多く起こるような場所では、「**▼間接照明 → ディフューズバウンス数**」を増やすと光の量が増え、明るくなります。

- 明暗がブロック状になる場合は、「**▼間接照明 → キューブマップ・サイズ**」を増やしてみてください。ただしベイクが遅くなります。

- 「ギザギザ」ができる場合は、「**▼間接照明 → ディフューズ・オクルージョン**」や、「**▼プローブ → ▼可視性 → ぼかし**」を増やしてみてください。

- 壁と壁の間の隅で光が漏れる場合は「**壁の厚みを増加**」「『**▼間接照明 → 放射照度のスムージング**』を減少」「**サンプリングポイントの間に壁が入るよう位置を調整**」してみてください。

6.9　影の設定

■ アンビエント・オクルージョン

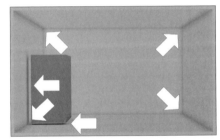

　「アンビエント・オクルージョン」（Ambient Occulusion, 以下「AO」）は、周囲の遮蔽情報を元にその場所の影の強さを決めることで、「凹み」や「近くで相対する面の間」などに現われる「周囲からの光が作る影」を表現します。

　立体感が出て、リアルになります。

●「Eevee レンダー」での設定

「レンダープロパティ → ▼アンビエント・オクルージョン (AO)」を ON にします。

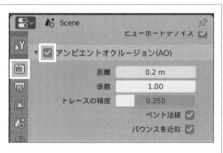

・「**距離**」は影響を及ぼす距離です。この距離より離れた面の間では「AO」が生成されず、明るくなります。
・「**係数**」は強さを表わしますが、影が濃いと感じたらまず先に「距離」を減らしてみてください。
・「**トレースの精度**」は通常そのままで OK ですが、問題があれば上げてみてください。
・「ベント法線」と「バウンスを近似」もたいていはそのままで OK です。

●「Cycles レンダー」での設定

「ワールドプロパティ → ▼アンビエント・オクルージョン (AO)」で使用可能ですが、自然発生するため「最適化」(→ 7-3) 以外では使いません。

■「Eevee」レンダーでの影の設定

「Eevee」は応答性を優先しているため、デフォルトの影の品質はあまり高くありません。

品質が必要なときはプロパティによる調整が必要になります。

● レンダー・プロパティでの設定

「レンダープロパティ→▼影」では、「全体的」な影の品質設定が可能です。

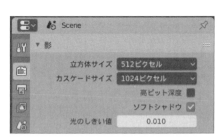

「立方体サイズ」と「カスケードサイズ」は、それぞれ「ポイント」「エリア」と、「サン」ライトでの「影の解像度」です。

大きくすればきれいになりますが、速度は遅くなり、ビデオメモリの消費量も増えます。

「高ビット深度」も同様に品質と引き換えに遅くなります。

「ソフトシャドウ」はデフォルトで ON ですが、くっきりした影が必要なら OFF でもかまいません（ただし、影の解像度が低いと、ジャギーが生じます）。

● **ライト側での設定**
　「オブジェクトデータプロパティ → ▼影」（ライトオブジェクト選択時）にて、いくつか設定が可能です。

　「範囲の開始」は、「ライト」をランプ形状の中に入れた時、その形状のオブジェクトを影の対象から外したいときなどに使います。

　「バイアス」は、形状自身の上に生成される影（セルフ・シャドウ）の量を調整します（図）。

バイアス: 0.01　　バイアス: 5.0

● **コンタクト・シャドウ**
　「オブジェクトデータプロパティ → ▼影 → コンタクト・シャドウ」は、面同士が接する部分で影が途切れたり、光が漏れるなどの問題を解決します。

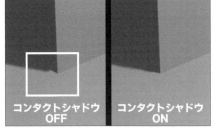

コンタクトシャドウ OFF　　コンタクトシャドウ ON

　たいていは ON にするだけで解決しますが、それでも足りないときは「距離」を上げてみてください。

　また、壁などで光が漏れる場合は、この機能の使用とともに形状に「厚み」を付けると効果的です。

● **半透明の影**
　「マテリアルプロパティ → ▼設定 → 影のモード」で「アルファハッシュ」を選択し、「シェーダー」ノードの「アルファ」値を設定することで半透明の影になります（ただし、「2.83」時点では色は付きません）。
　「6-4　テクスチャ・マッピング」の「■テクスチャのアルファ透過」も参照してください。

第7章

「カメラ」と「レンダー」の設定

「カメラ」は、シーンの一部を写し、「レンダー」はそれを計算して出力（レンダリング）します。

本章では「カメラ」と「レンダー」の設定、そして「合成」を行なう「コンポジター」について解説します。

小ジワはデノイズ無理…！

7.1　　　　　カメラの設定

「カメラ」は、3D 空間を切り取る重要なツールです。

「カメラ・オブジェクト」には、カメラ自体の設定だけでなく、ユーザーを補助する便利な機能もあります。

■ カメラの移動と回転

● 「3D ビューポート」からの移動

他のオブジェクト同様に、カメラも「移動」や「回転」が可能です。

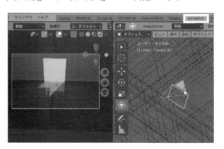

※「Animation」ワークスペースにすると、操作しながらカメラビューで確認できて便利です。

※ ギズモで「焦点距離（画角）」や、「被写界深度」（後述）の設定がマウスでできます。

● カメラ・ビューからの移動

「カメラ・オブジェクト」選択時、カメラビュー（テンキー [O] または 3D ビューポート右端のカメラビュー切り替えアイコン）から、直接ビューを見ながら操作できます。

…が、ショートカット・キーの使用が必要です。

- [G] キーで、カメラをマウスで平行移動できます。**中マウスボタン**をクリックすると、「前後移動モード」になります（[C] キーでリセット）。
- [R] キーで、カメラを傾けることができます。**中マウスボタン**をクリックすると「ターンテーブル回転」になります（上図）。

● 3D ビューポートの視点にカメラを設定

「ビューメニュー → 視点を揃える → 現在の視点にカメラを合わせる」

（[Ctrl] + [Alt] + テンキー [0]）で、現在のビューの画面でカメラの視点を設定します。

　ビューやカメラの状態により、完全に同じにはなりません。

■ 焦点距離の設定

　「焦点距離」とは、カメラの視野の角度のことで、値が小さいと「望遠」に、大きいほど「広角」になります。

　角度による指定も可能です。

　「3D ビューポート」で操作できる他、「カメラ・オブジェクト」選択後に「オブジェクトデータプロパティ→ ▼レンズ」で指定可能です。

■ 被写界深度の設定

　「被写界深度」とは、一般的にはカメラのピントが合う範囲のことですが、3D-CG では逆にボヤけさせるための機能について話すときによく使われます。

　小さいスケールのシーンでリアリティを与えるのに便利です。

[1] 「カメラプロパティ → ▼被写界深度」を ON にし、「焦点のオブジェクト」を設定、または「ピントの位置」を設定します。

[2] 「▼絞り → F 値」を「0」にし、好みの設定になるまで上げていきます。また、残りの設定で「ボケ」の形状を操作できます。

　　　※「カメラプロパティ → ▼ビューポート表示」で「リミット」を ON にすると、マウスで被写界深度を設定できます（上図）。
　　　後述の「範囲」設定にも便利です。

■ その他の便利な機能

● 「平行投影」を使いたい

「オブジェクトデータプロパティ → ▼レンズ → タイプ」で変更できます。

平行投影時は、「カメラ」と「オブジェクト」との距離が表示サイズに影響しません。

「パノラマ状」で、パノラマ画像もレンダリング可能です（Cycles のみ）。

● 壁の外から中のものを映したい

「オブジェクトデータプロパティ → ▼レンズ → 範囲の開始」からカメラまでの間のオブジェクトを無視できます。

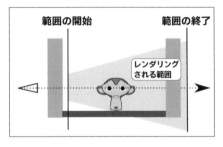

同様に「カメラプロパティ → ▼レンズ → 範囲の終了」を大きくし、範囲を広げることもできます。

● アクティブカメラを変更したい

現在利用しているカメラを切り替えるには、他のオブジェクトを「選択」し、[Ctrl] + テンキー [0] を押す、または「シーンプロパティ → ▼シーンパネル」の図のフィールドでオブジェクトを指定します。

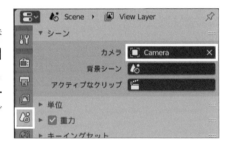

● 構図を決めるガイドが欲しい

「オブジェクトデータプロパティ → ▼ビューポート表示 → ▼コンポジションガイド」を使います。

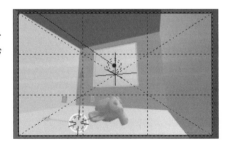

● 消失点を移動したい

「オブジェクトデータプロパティ → ▼レンズ → シフト X、Y」を使います。

■「トラック・コンストレイント」による簡易カメラリグ

デフォルトのカメラのコントロールは少し不便なので、簡易の「カメラリグ」を作ってみます。

[1]「エンプティ・オブジェクト」（十字）を追加します。

[2] ①「カメラ」→ ②「エンプティ」の順に [Shift] + 左クリックで選択後、③「オブジェクトメニュー → トラック → トラック（コンストレイント）」を実行します。

[3]「カメラ」を選択し、「コンストレイント・プロパティ」（チェーンアイコン）内の図のパネルにある「ターゲットZ」を ON にします。
これで「エンプティ」を回転しカメラを傾けることができます。

[4] 全体の移動用の「エンプティ → 球」を追加し、[2] 同様「カメラ → 十字エンプティ → 球エンプティ」の順に選択後、「右クリックメニュー → ペアレント → オブジェクト」を実行します。

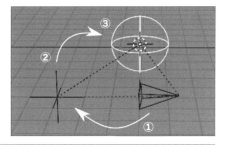

● **使用方法**

・「十字エンプティの移動」で視点の移動、「回転」でカメラのロール
・「球エンプティの移動」でリグ全体の移動
・カメラの「被写界深度」への「十字エンプティ」の指定で設定が楽に

7.2　レンダリングの設定

ここでは主に「出力設定」と「最適化」に関して解説します。

「質感付け」や「ライティング」などは「6章　質感付けとライティング」を参照してください。

■ レンダーエンジンの選択

レンダリング用のエンジンは「**レンダー・プロパティ**」で選択します。

「Cycles」では、デバイスに「CPU」と「GPU演算」が選択でき、「GPU」を利用するには先に「**編集メニュー → プリファレンス → システム**」でAPIを設定してください。

■ 画像サイズの設定

画像サイズは「出力プロパティ」で設定します。

「%」は試験的にレンダリングするのに使います。

※ 設定の変更によって画像の比率が変わる場合、カメラ側の撮影範囲も変わることに注意してください。

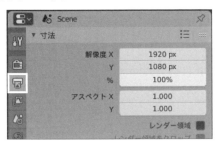

■ レンダリングと静止画像の保存

「レンダーメニュー → 画像をレンダリング」（[F12]キー）で、デフォルトでは別ウィンドウが開き、そこに画像がレンダリングされます。

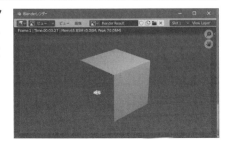

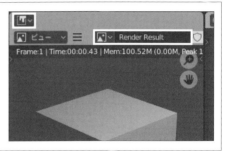

- ウィンドウを閉じてしまっても「レンダーメニュー → レンダー画像を表示」（[F11] キー）で再表示できます。
- [Esc] キーで元のウィンドウに戻ります。
- 他の「画像エディタ」内で「Render Result」にしても表示可能です。

● 静止画像の保存

「(≡ボタン →) 画像メニュー → 保存」を実行すると、「ファイル・ブラウザ」から保存できます。出力フォーマットもここで選択可能です。

「Render」ワークスペースタブからも同様に表示・保存できます。

● 表示場所の変更

「編集メニュー → プリファレンス」から、「インターフェイス → ▼エディタ → ▼一時ウィンドウ → レンダー画像表示方法」でレンダリングした画像の表示場所を変更可能です。

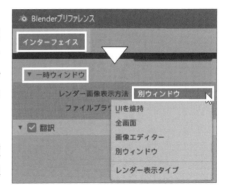

たとえば「画像エディタ」を選択すると「ワークスペース」内の画像エディタに表示できます。

■ その他の便利な機能

● 一部分だけレンダリングしたい

「レンダー領域」機能を使います。

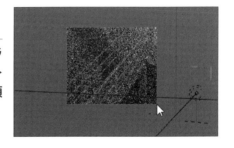

[1] 3D ビューポートの「カメラビュー」で「ビューメニュー → ビュー領域設定 → レンダー領域」を実行します。

[2] レンダリングしたい場所を「ドラッグ」で指定します。
[3] レンダリングすると、指定部分のみの画像が生成されます。

・解除するには、同メニュー内の「**レンダー領域のクリア**」を実行します。
・無効化だけなら「**出力プロパティ → レンダー領域**」をOFFにします。
・デフォルトでは元と同サイズの画像が生成されますが、「**レンダー領域をクロップ**」オプションで、レンダー領域サイズの画像が生成されます。

● 画像を比較したい

「画像エディタ」のヘッダから、画像をレンダリングする先の「**レンダー・スロット**」を切り替えできます。

たとえば、設定別に画像をレンダリングし、比較・調整していく時などに便利です。

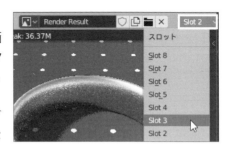

● 背景部分を透明にしたい

「レンダープロパティ → ▼フィルム」の「透過」をONにします。「Cycles」レンダーの場合、さらに「**ガラスを透過**」オプションで窓などのガラスの質感を設定した場所を透過できます。

なお、この機能の使用時、保存フォーマットの「**カラー**」が「**RGBA**」に設定されている必要があります（**ファイル・ブラウザの「歯車」アイコン内**）。

● 動画を出力したい

本書の範囲は静止画像の作成であるため、Blender固有の部分だけを簡単に解説します。

・設定は「**出力プロパティ → ▼出力**」で行ないます。

・いちばん上の「**ファイルパス**」を「**//**」で始めると「.blend」ファイルに対する「**相対パス**」になります。「**..**」（上の階層に移動）も利用可能です。

- パスの末尾には「接頭辞」を指定でき、保存時は後ろに「開始フレーム」と「終了フレーム」、「拡張子」が付加されます。（例：test0001-0250.mpg）

- 「PNG」などの画像フォーマットの場合は「連番画像」となり、ファイルパスで指定した名前に「0001」などの「フレーム番号」が追加されます。

- 「▼エンコーディング」ではエンコード方法の指定ができ、パネル右側のアイコンから「フォーマット」のプリセットも選択可能です。

- 同様に「解像度」と「フレームレート」のプリセットが「▼寸法」パネルのヘッダ右側のアイコンから利用できます。

■ ベイク機能（Cycles のみ）

「ベイク機能」は、オブジェクトの使用する「テクスチャ」に、レンダリング結果を出力します。

主に光源が移動しないシーンでの照明の出力や、ハイポリ・モデルの細部を、ローポリモデル用の「ノーマル・マップ」に出力するなど、処理やデータの軽減に使われます。

ハイポリモデル　　ローポリモデル＋ノーマルマップ

● 集光模様（コースティクス）のベイク

「6章」で触れましたが、「Eevee」では「コースティクス」をレンダリングできません。

ここでは「Cycles」で「コースティクス」を画像に「ベイク」してみます。

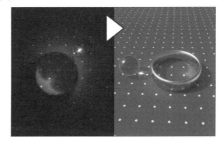

[1] 「レンダープロパティ → レンダー・エンジン」を「Cycles」にします。

[2] 「コースティクス」を受け取るオブジェクト(ここでは「平面」とします)
を追加します。
他のオブジェクトを使う場合は「UV マップ」が設定済かどうか確認し、
オブジェクトを選択状態にしておいてください。

[3] マテリアルを追加し、中に**「画像テクスチャ」ノード**を追加します。他
とつながなくてもかまいません。

[4] 「画像テクスチャ」ノード内の
「**+新規**」ボタンをクリックし「新
規生成画像」を作ります。
ダイアログが出てくるので、「**32
ビット Float**」を **ON** に設定し
たら、「**OK**」ボタンをクリック
します(右図は一例)。

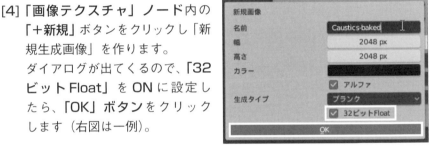

[5] 再び「レンダープロパティ → ▼
ベイク → ベイクタイプ」を「統
合」にし、「▼影響」を「間接照
明」「ディフューズ」「光沢」「伝播」
以外を OFF にします(図)。

[6] 設定が終われば**「ベイク」ボタン**
をクリックし、完了まで待ちます。

[7] **「画像エディタ」**などで [4] の画
像を選択・保存します。

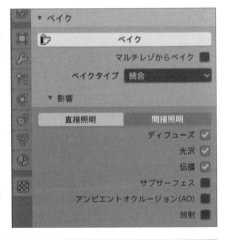

ベイク後は、この「生成画像」を図のように「カラー」を「プリンシプル BSDF」ノードの「放射」につないで使います。

※「2.82」の時点では、ベイクに「デノイズ機能」は利用できません。
必要なら出力後の画像を「コンポジター」の「デノイズ」ノードを使ってください。

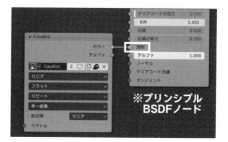

※プリンシプルBSDFノード

●「ノーマル・マップ」のベイク

「ノーマル・マップ」のベイクは「スカルプト」などによる「ハイポリ・モデル」の凹凸を「ノーマル・マップ」で表現し、データ量を減らすのに使われます。

[1] 細部をもつ「ハイポリ・オブジェクト」と「ローポリ・オブジェクト」を同じ位置に配置します。「ローポリ・オブジェクト」はUV展開しておいてください。

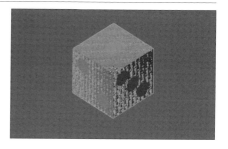

[2] 「ローポリ・オブジェクト」に「画像テクスチャ」ノードを追加し、「新規生成画像」を追加します（「16ビットFloat画像」はOFF）。

[3] 「アウトライナー」で「ハイポリ → ローポリ・オブジェクト」の順に [Ctrl] キー + クリックで複数選択します。

[Ctrl]+
クリックで
選択

[4] 「レンダープロパティ → ▼ベイク → ベイクタイプ」を「ノーマル」にします。

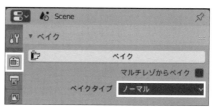

[5] 下の「▼選択 → アクティブ」を ON にし、「ケージ」を ON にします。

もし「ハイポリ・オブジェクト」が「ローポリ・オブジェクト」から突き出ているなどで、ベイクがうまく行かない場合は**「押し出し」**も上げて再ベイクします。

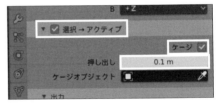

[6] 「ベイク」ボタン（[4] の右図）をクリックすると、[2] で作った画像に「ノーマル・マップ」が出力されます。

前項の「集光模様のベイク」同様に、「画像エディタ」などから画像を保存します。

実際の「ノーマル・マップ」の使用は（**6-4 テクスチャ・マッピング**）を参照してください。

ベイク後は「Eevee」でも利用可能です。

7.3 「Cycles レンダー」の最適化

デフォルト設定でレンダリングをした際、それが綺麗な結果になるとは限りません。「画像」や「シーン」にあった調整が必要になります。

■「ノイズ削減」による高速化

「Cycles レンダー」では「最短の時間でノイズを許容範囲まで減らす」ことが目標となります。

ノイズを減らすには「サンプル数」を増やす必要がありますが、レンダリング時間も増えます。

いかに「サンプル数」を抑えつつ「ノイズ」を減らすかが鍵となります。

● レンダリング時のデノイズ

「デノイズ」とは、画像処理を行ない「ノイズ」を除去する機能です。細部が潰れるという弱点がありますが、上手く使えばノイズを大幅に削減できます。

また「コンポジター」によるデノイズも可能です（後述）。

「ビューレイヤープロパティ → ▼デノイズ」を ON にすると、レンダリング時、デノイズ処理も同時に行なうようになります。

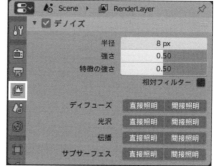

「レンダー・スロット」や「レンダー領域」（→ 7-2）機能でテストしながら調整していくと楽です。

下図は**「強さ」**と**「特徴の強さ」**をそれぞれ変更した比較の一例です。

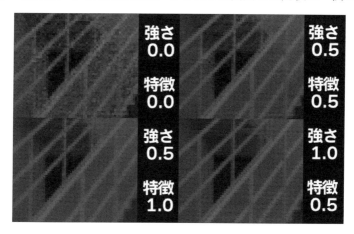

この画像の場合、「特徴の強さ」を「1.0」にした時、「手すり」の立体感が消えていますが、「強さ」を大きくすると残ったままになると分かります。

● **ポータル**

> ・オブジェクトデータプロパティ → ▼ライト（エリア）→ ポータル

　窓からの光が入射するシーンを作る際、窓の部分をこのオプションを使った「エリアライト」で覆うことで、光の「ポータル」となり、「ノイズの軽減」が期待できます。

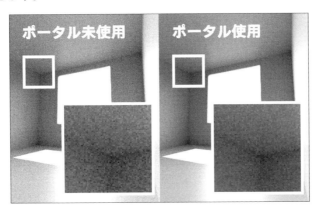

　使用方法は右図のように、光の入る部分を覆う大きさの**「エリアライト」**を追加し**「ポータル」**をON にします。

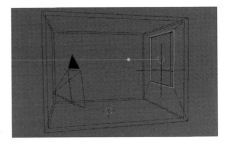

　このオプションを設定した「エリアライト」は光を発しないので、必要なら他の光源も追加してください。

● **適応サンプリング**

　「2.83」についたこの機能は、自動的に不要なサンプル数を減らしてくれます。

　さらに次の**「●サンプル数の増減」**で、機能別のサンプル数を細かく調整できます。

● サンプル数の増減

「Cycles」では、「レンダープロパティ → ▼サンプリング → インテグレータ」を「分岐パストレーシング」に変更することで、「▼サンプリング → ▼サブサンプル」にて各「サンプリングタイプ」のサンプル数を設定可能です。

各機能がどこを指すかは、図を参考にしてみてください。
ノイズが多く表示されている部分の種類は増やし、使わない種類は減らします。

「GPU演算」時、「分岐パストレーシング」の利用でエラーが出ることがあります。
そのときは「ドライバー更新」や、「タイルサイズの縮小」「テクスチャや形状データの軽量化」による「ビデオメモリの節約」を試してみてください。

● 不要な反射（バウンス）のカット

画質に影響しない光の反射をカットすることで、高速化が期待できます。
「レンダープロパティ → ▼ライトパス → ▼最大バウンス数」で、各機能に対する反射数を制限できます。
ただし、減らしすぎると不自然になります。

図の例では「ディフューズ」のバウンス数の減少するのに伴い、計算時間が減っていますが、同時に反射により生じた「間接照明」も失われて暗くなっています。
失った「間接照明」は「ワールドプロパティ → アンビエント・オクルージョン（AO）」で補うこともできます。

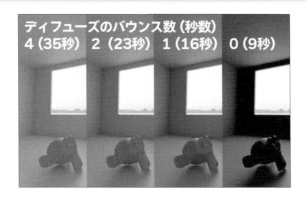

ディフューズのバウンス数（秒数）
4（35秒）　2（23秒）　1（16秒）　0（9秒）

● **輝点の除去**

　ノイズの１つである「輝点」は「コースティクス」が原因とされています。

　不要であれば「**レンダープロパティ → ▼ライトパス → ▼コースティク
ス**」で OFF にすると軽減できます。

　「**光沢フィルタ**」の値を上げても輝点を減らせますが、右図のように本来
と違う画像になることもあります（球のコースティクスが広がっている）。

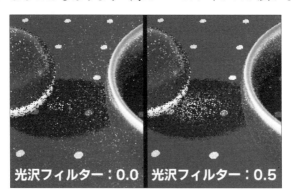

光沢フィルター：0.0　光沢フィルター：0.5

■ タイル設定による最適化

・レンダープロパティ → ▼パフォーマンス → ▼タイル

　レンダリング時に処理を行なう「タイルサイズ」の設定です。

　１つのタイルに処理を集中する「**GPU 演算**」使用時は「**128**」以上のビ
デオメモリを圧迫しない程度に、主に並列処理を行なう「**CPU**」使用時は
「**64**」以下など小さめにするといいでしょう。

7.4　コンポジティング

「コンポジティング」とは、「合成」の意味で、Blenderでは「コンポジター」
で、画像の「合成」「調整」や、「特殊効果」の付加などをノードベースで行
なえます。

■ 使用方法

[1] 「Compositing」ワークスペー
スに切り替えます。
[2] 上側のエディタ、「コンポジター」
のヘッダの「ノードを使用」を
ONにします。

　ここでは「マテリアル」ノードの
ように、「レンダーレイヤー」ノード
と「コンポジット」ノード間に、さ
まざまなノードを追加していきます。

　「レンダーレイヤー」ノードの出力
は、「プロパティエディタ → ビューレ
イヤープロパティ → ▼パス」にて必
要なものを追加します。

　右図は、「Eevee」の場合で、「Cycles」
では、もう少し種類が増えます。

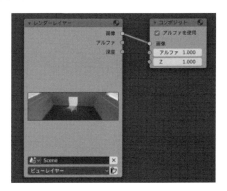

＊

　「レンダー・レイヤー」から出力さ
れる情報は、現在「Render Result」
にレンダリングされた画像を元にし
ています。

　右の「▼パス」で、新たに要素を
追加した場合は、「レンダーレイヤー」
ノード右下のボタン（右上の画像で
「ビュー・レイヤー」の隣のボタン）
などで再レンダリングしてください。

● ビューア・ノードと背景表示

「コンポジティング処理」の画像は、レンダリング画像と同じウィンドウに表示されますが、途中経過の画像も見たいときがあります。

「ビューア」ノード（**追加メニュー → 出力**）を使えば、ノードに入力された画像を「ノード・エディタ」の背景に表示できます。

「ビューア」ノード追加時、位置と表示サイズを調整可能な「枠」が現われ、他の「出力ソケット」とつなぐとここに画像が表示されます。

複数の「ビューア」ノードがある場合は、最後に選択した「ビューア」ノードがの内容を表示します。

■ コンポジティング処理画像の保存

「コンポジティング処理」が行なわれた画像の保存には、いくつか方法があります。

● 画像エディタ内で保存

通常のレンダリング画像の保存同様に、メニューなどから保存が可能です。

● ファイル保存ノードの使用

「ファイル保存」ノード（追加メニュー → 出力）を追加し、他の「ビューア」ノード同様に、出力ソケットにつないだ後「フォルダーアイコン」をクリックすると、保存ダイアログが表示され、加工後の画像が保存できます。

「ビューア」ノードと同様に、好きな出力の画像を保存できて便利です。

■ コンポジターの使用例

● ブルーム効果

「Cycles」にはない「ブルーム」を、**「グレア」** ノードで実現しています。
図では、オブジェクトのみを光らせ「野原の画像」と合成もしています。

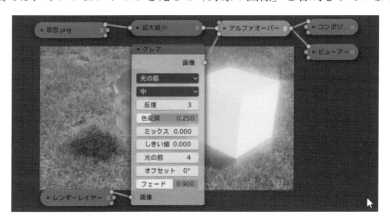

●「コンポジター」によるデノイズ

前述通り、「コンポジター」でも「デノイズ」が可能です（**「デノイズ」**
ノード）。

こちらは、画像を何度もレンダリングする必要がなく、AI でデノイズし
ます。

あまり調整はできませんが **「デノイズデータ・パス」**（ビューレイヤープ
ロパティ → ▼パス → ▼データ）を有効化し、図のレイヤーを調整可能です。

■ 合成用のレンダリング設定

Blender のレンダラーには、画像を「オーバーレイ」として合成するため、画像の一部をアルファ透過してレンダリングする機能があります。

● 背景の「アルファ透過」

通常「ワールド」が表示されている背景部分を透過できます。

「**レンダープロパティ → ▼フィルム → 透過**」を ON にします。

「Cycles」では、「ガラス」のマテリアルも透過可能です（右図）。

● 特定の部分の透過

「マテリアル」の「**ホールドアウト**」**ノード**を使うことで、そのマテリアルを使った面が透過します。

・画像は「**RGBA**」（ファイルブラウザ・オプション）で保存してください。
・「Cycles」では、上記の「**透過**」設定も必要です。
・「**オブジェクトプロパティ → ▼可視性**」でも設定可能です。

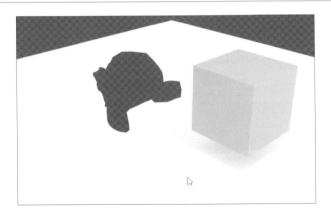

● **シャドウ・キャッチャー（Cycles のみ）**

「シャドウ・キャッチャー」は、Blender で生成される「影」だけを画像にレンダリングする機能です。

「オブジェクトプロパティ → ▼可視性 → シャドウ・キャッチャー」を ON にします。

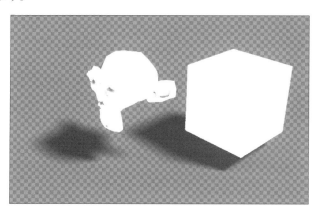

索 引

五十音順

≪あ行≫

あ アーマチュア ……………………………… 74
アイランド ………………………………… 131
アイランドの余白 ……………………… 129
アウトライナー ……………………… 16,46
アクティブ ………………………………… 57
アドオン …………………………………… 74
アペンド …………………………………… 69
アルファチャンネル …………………… 124
アルファ透過 …………………………… 170
アルファハッシュ ……………… 42,150
アンビエント・オクルージョン ……… 147

い 異方性反射 ……………………………… 117
イラディアンス・ボリューム ………… 147
入れ替えアイコン ………………………… 37
色空間 …………………………………… 123
インスタンス ……………………………… 84
インスタンス化 ………………………… 106
インスタンスを実体化 …………… 85,106
インストール ……………………………… 8
インフレート ……………………………… 96

う 映り込み ………………………………… 115

え エッジ・ループ ………………………… 21
エッジフェード ………………………… 113
エリアライト …………………………… 144
エンコーディング ……………………… 158
円筒状投影 ……………………………… 130
エンプティ ……………………………… 100

お オーバーレイ …………………………… 55
お気に入りツール ………………………… 51
押し出し …………………………………… 24
オブジェクト・モード …………………… 76
オブジェクトギズモ ……………………… 59
オブジェクトを整列 ……………………… 78
オフセット ………………………………… 98

≪か行≫

か カーブ・モディファイア ………………… 98
回転 ………………………………………… 79
拡大縮小 …………………………………… 21
影 ………………………………………… 149
可視性 …………………………………… 106
カスケードサイズ ………………………… 44
カスタム距離 …………………………… 143
カスタム視差 …………………………… 117
画像エディタ ……………………………… 72

画像テクスチャ ………………………… 122
カメラ …………………………… 44,152
カメラ・オブジェクト ………………… 152
カメラビュー ……………………………… 53
カラー・パレット ……………………… 134
カラー・ピッカー ………………………… 65
カラー・ボタン …………………………… 65
カラーランプ …………………………… 127
ガラスを透過 …………………………… 158
環境テクスチャ ………………………… 142
間接照明 ………………………………… 147

き キーバインド …………………………… 14
キーマップ ………………………………… 9
ギズモ ……………………………………… 55
輝点 ……………………………………… 166
球状投影 ………………………………… 130
吸着選択モード ………………………… 132
キューブ投影 …………………………… 130
鏡面オブジェクト ……………………… 115

く 屈折 ……………………………………… 118
クリア ……………………………………… 78
クリアコート ………………………… 36,112
クリース …………………………………… 96
グリッド …………………………………… 43
クリッピングオフセット ……………… 116
クリッピング開始 ……………………… 115
クリップ ………………………………… 145
グループで選択 …………………………… 58
グレア …………………………………… 169
グローバル ………………………………… 60
クローン・ブラシ ……………………… 135

け 計測ツール ……………………………… 103
減衰 ……………………………………… 148
原点を設定 ………………………………… 78

こ 光沢 ……………………………………… 112
光沢フィルタ …………………………… 138
高ビット深度 …………………………… 149
コースティクス ………………… 138,159
孤立データ ………………………………… 71
コレクション ……………………………… 84
コレクション・インスタンス ………… 85
コンタクト・シャドウ ………………… 150
コンポジションガイド ………………… 154
コンポジター …………………………… 167
コンポジティング ……………………… 167

≪さ行≫

さ 最後のセッション ………………………… 68
最後の操作を調整 ………………… 50,76
再実行 …………………………………… 51

最大バウンス数 ………………… 165
サイドバー ……………………… 47
細分化 …………………………… 93
削除 ……………………………… 50
座標軸 …………………………… 52
サブディビジョン・サーフェス … 23,89,120
サン ……………………………… 144
サンプリング …………………… 165
サンプル数の増減 ……………… 165
サンライト ……………………… 41

し　シーム ………………………… 129
シーン …………………………… 83
シェイプ ………………………… 104
シェーダー・エディタ ………… 109
シェーディング ………………… 89
シェーディング・モード ……… 56
軸制限 …………………………… 60
下絵 ……………………………… 92
質感 ……………………………… 36
視点の操作 ……………………… 12
自動保存 ………………………… 68
絞り ……………………………… 153
シャドウ・キャッチャー ……… 171
集光模様 ………………………… 159
出力プロパティ ………………… 156
種類で選択 ……………………… 58
焦点距離 ………………………… 153
ジンバル ………………………… 60

す　数式ノード …………………… 146
ズーム …………………………… 54
スカルプト・モデリング ……… 94
スクリーン・スペース反射 …… 113
ステータスバー ………………… 48
スナップ ……………………… 34,61
スナップ・モード ……………… 15
スネークフック ………………… 95
スピン …………………………… 99
スプラッシュ・スクリーン …… 9
スペキュラー …………………… 36
スポイト ………………………… 66
スポット ………………………… 144
スマート UV 展開 ……………… 129
スムージング …………………… 89
スムーズ・シェード …………… 23
寸法 ……………………………… 103

せ　整列モード …………………… 79
絶対パス ………………………… 70
全選択 …………………………… 58
全体表示 ………………………… 54
選択 ……………………………… 57

そ　操作履歴 ……………………… 51
相対パス ………………………… 70
ソフトシャドウ ………………… 44
ソフトシャドウ ………………… 150
ソリッド化 ……………………… 101

≪た行≫

た　ダーティ頂点カラー ………… 137
ダイナミック・トポロジー …… 95
タイムライン …………………… 46
断面用オブジェクト …………… 105

ち　頂点ペイント ……………… 37,137
直接照明 ………………………… 143

つ　追加選択 ……………………… 57
追加メニュー …………………… 50
ツール設定バー ………………… 47
ツールバー ……………………… 47

て　ディフューズバウンス数 …… 148
データの独立化 ………………… 81
データブロック・メニュー …… 64
テーパー・オブジェクト ……… 105
適応サンプリング ……………… 164
テキスト・オブジェクト ……… 98
適用 ……………………………… 79
テクスチャ・ペイント ………… 133
テクスチャ・マッピング ……… 122
テクスチャ空間 ………………… 125
テクスチャ座標 ………………… 125
テクスチャ情報 ………………… 125
テクスチャブラシ ……………… 135
デノイズ ………………………… 163
テンキーを模倣 ………………… 13
点光源 …………………………… 143
伝播 ……………………………… 118

と　透過 …………………………… 118
動画 ……………………………… 158
透過表示 ………………………… 26
統合 ……………………………… 49
透視投影 ……………………… 53,142
トラック・コンストレイント … 155
トランスフォーム・ギズム … 12,59,131
取り消し ………………………… 51
トレースの精度 ………………… 149
トレス …………………………… 93
ドロー …………………………… 96

≪な行≫

な　ナイフ ………………………… 32
ナビゲート・ギズモ …………… 52
波テクスチャ …………………… 127

索 引

に にじみ ……………………………… 136
　 日本語化 ……………………………… 11
ぬ 塗りつぶし …………………………… 137
の ノイズ・テクスチャ ……………… 42,126
　 ノイズ削減 …………………………… 162
　 ノーマル ……………………………… 60
　 ノーマル・マップ ………………… 97,123

≪は行≫

は バイアス ……………………………… 150
　 ハイポリ・オブジェクト …………… 161
　 配列モディファイア ………………… 99
　 バウンド ……………………………… 130
　 パス・アニメーション ……………… 103
　 パターン選択 ………………………… 58
　 パック ………………………………… 73
　 半解像度トレース …………………… 113
　 反射 …………………………………… 112
　 反射キューブマップ ………………… 113
　 反射平面 ……………………………… 113
　 半透明 ………………………………… 150
　 ハンドルタイプ設定 ………………… 104
　 バンプマッピング …………………… 123
ひ 被写界深度 …………………………… 153
　 ピボット・ポイント ………………… 62
　 ピボットメニュー …………………… 132
　 ビュー ………………………………… 60
　 ビュー・レイヤー …………………… 83
　 ビューから投影 ……………………… 130
　 ビューポート表示 …………………… 80
　 表示設定 ……………………………… 67
ふ ファイル・ブラウザ ………………… 66
　 ファイルを圧縮 ……………………… 67
　 ブーリアン …………………………… 101
　 フェイク・ユーザー ………………… 65
　 フォント ……………………………… 98
　 復元 …………………………………… 68
　 複製 …………………………………… 81
　 ブラシ・プロパティ ………………… 96
　 プリセット・ビュー ………………… 52
　 プリファレンス ……………………… 11
　 プリミティブ ………………………… 93
　 プリンシプル・ボリューム ………… 40
　 プリンシプル BSDF ……………… 36,112
　 ブルーム ……………………………… 144
　 ブレンド・モード …………………… 125
　 プローブ ……………………………… 114
　 プロシージャル・テクスチャ ……… 122
　 プロパティ・エディタ …………… 47,63
　 ブロブ ………………………………… 96

プロポーショナル編集 …………… 43,61
　 分割 …………………………………… 49
　 分離 …………………………………… 91
へ ペアレント ………………………… 34,77
　 ベイク …………………………… 115,159
　 平行光源 ……………………………… 144
　 平行投影 ………………………… 53,154
　 ペイント・モード …………………… 133
　 ペイントマスク ……………………… 137
　 ベクトル ……………………………… 142
　 ベベル ………………………………… 98
　 変換 …………………………………… 82
　 編集モード …………………………… 90
　 辺ループ ………………………… 21,89
　 辺を束ねる …………………………… 92
ほ ポイント ……………………………… 143
　 ポータル ……………………………… 164
　 ホールドアウト ……………………… 170
　 ぼかし ………………………………… 148
　 ボリューム・マテリアル ………… 40,139
　 ボリュームライト …………………… 139
　 ボリュームトリック ………………… 117
　 ボロノイ・テクスチャ …………… 42,126

≪ま行≫

ま マスクブラシ ………………………… 135
　 マッピング …………………………… 126
　 マテリアル ………………………… 36,109
み ミュート ……………………………… 112
　 ミラー・モディファイアー ………… 22
め メジャー ……………………………… 103
　 メタボール …………………………… 102
　 メタリック …………………………… 112
　 メッシュ ………………………… 19,88
　 メッシュ選択モード ………………… 90
　 メッシュライト ……………………… 144
　 面光源 ………………………………… 144
　 面ループ ……………………………… 89
　 面を差し込む ………………………… 27
も モディファイア ……………………… 93

≪や行≫

ゆ ユーザー・フォルダ ………………… 10
よ 溶解 …………………………………… 92
　 四分割表示 …………………………… 54

≪ら行≫

ら ライティング …………………… 41,141
　 ライトプローブ ……………………… 113
　 ライトマップ・パック ……………… 129

　　ライブラリ・オーバーライド ……………… 69
　　ラティス …………………………………… 102
　　ランダム …………………………………… 43
り　リトポロジー ……………………………… 63
　　リメッシュ ………………………………… 96
　　リンクカット ……………………………… 111
　　リンク切断 ………………………………… 111
　　リンク選択 ………………………………… 91
　　リンク複製 ……………………………… 35,81
る　ループカット ……………………………… 20
　　ループ切替え …………………………… 104
　　ループモード …………………………… 104
れ　レンダー・エンジン …………………… 108
　　レンダー・スロット …………………… 158
　　レンダー・プレビュー ………………… 40
　　レンダー・プロパティ ……………141,156
　　レンダー領域 …………………………… 157
　　レンダリング ………………………44,156
ろ　ローカル …………………………………… 60
　　ローカルビュー ………………………… 54
　　ローポリ・オブジェクト ……………… 161

≪わ行≫

わ　ワークスペース ………………………… 48
　　ワールド …………………………………… 141
　　ワールド出力 …………………………… 40
　　ワイヤーフレーム ……………………… 80

数字・アルファベット順

≪数字≫

3D カーソル ………………………………………… 61
3D ビューポート …………………………………… 46

≪A≫

Active Gizmo ……………………………………… 12
AO …………………………………………………… 147

≪C≫

config ……………………………………………… 10
Copy 2.7x ………………………………………… 9
Cycles ………………………………………… 12,108

≪D≫

Dyntopo …………………………………………… 95

≪E≫

Eevee …………………………………………44,108

≪F≫

Freestyle ………………………………………… 74

≪G≫

GPU 演算 ………………………………………… 166

≪H≫

HDR ………………………………………………… 141

≪I≫

Interface ………………………………………… 11
IOR ………………………………………………… 118

≪L≫

Layout …………………………………………… 37

≪N≫

NURBS …………………………………………… 103

≪P≫

PNG ……………………………………………… 124

≪R≫

Render Result …………………………………… 72
Restore …………………………………………… 14
RGBA ……………………………………………… 158

≪S≫

Sculpting ………………………………………… 95
Select All Toggles ……………………………… 58
Shadeing ………………………………………… 36
Shadeing ………………………………………… 109
SSS ………………………………………………… 120

≪T≫

Texture Paint …………………………………… 133
Translation ……………………………………… 11

≪U≫

UI をロード ……………………………………… 68
UV Editing ……………………………………… 128
UV エディタ ……………………………………… 131
UV 球 ……………………………………………… 34
UV 座標 …………………………………………… 125
UV 展開 …………………………………………… 127
UV マップ ………………………………………… 127

[著者プロフィール]

山崎　聡（やまさき・さとし）

Blender.jp 主宰。
Blender のユーザー・インターフェイス日本語翻訳係（たぶん）。
下記サイトではリリースノートも翻訳中。
次々と追加される新機能に翻弄される日々。

https://blender.jp/

≪質問に関して≫

本書の内容に関するご質問は、

① 返信用の切手を同封した手紙
② 往復はがき
③ FAX(03)5269-6031
　（ご自宅の FAX 番号を明記してください）
④ E-mail　editors@kohgakusha.co.jp

のいずれかで、工学社 I/O 編集部宛にお願いします。
電話によるお問い合わせはご遠慮ください。

I/O BOOKS

基礎からの Blender2.8

2020年6月25日　初版発行　© 2020	著　者　　山崎　聡
	発行人　　星　正明
	発行所　　株式会社 **工学社**
	〒160-0004 東京都新宿区四谷4-28-20 2F
	電話　　　(03)5269-2041(代) [営業]
	(03)5269-6041(代) [編集]
※定価はカバーに表示してあります。	振替口座　00150-6-22510

[印刷] シナノ印刷 (株)　　　　　　　　　　　　　　　　　　ISBN978-4-7775-2110-4